栗谷의 老子 풀이

순언醇言

著者: 栗谷 李珥
譯者: 俞 成 善

국학자료원

目 次

4

栗谷의 『醇言』要旨

右醇言凡四十章首三章言道體, 四章言心體, 第五章摠論治己治人之始終.
第六章七章以損與嗇爲治己治人之要旨. 自第八章止十二章皆推廣其義. 第十
三章嗇字而演出三寶之說, 自十四章止十九章申言其義. 二十章言輕躁之失,
二十一章言淸靜之正, 二十二章推言用功之要. 二十三章四章申言其全天之效,
二十五章言體道之效. 二十六章止三十五章言治人之道及其功效, 三十六章言
愼始慮終防於未然之義. 三十七章八章言天道福善禍淫虧盈益謙之理. 三十九
章四十章欺人之莫能海道以終之. 大抵此書以無爲爲宗而其用無不爲, 則亦非
溺於虛無也. 只是言多招詣動稱聖人論上達處多, 論下學處少, 宜接上根之士,
而中人以下則難於下手矣. 但其言克己窒慾靜重自守, 謙虛自牧慈簡臨民之義
皆親切有味有益於學者. 不可以爲非聖人之書而莫之省也.

醇言終.

『순언醇言』은 모두 40장으로 앞 부분 1장에서 3장까지는 도체道體를 말
했고, 제4장은 심체心體를 말했으며, 제5장은 자신을 수양하고 남을 다스리
는 시작과 끝을 모두 논했다. 제6장과 제7장은 자신을 낮추고損 여유를
남겨두는 것(아끼는)嗇으로서 자신을 수양하고 남을 다스리는 요지를 삼았

다. 제8장에서 12장까지는 앞 장(1-7장)의 의미를 널리 확대하였다. 제13장은 자신을 낮추는 損자를 통해 세가지 보배가 될만한 설을 이끌어 냈고, 제14장에서 제19장까지는 이 의미를 거듭 이야기했다. 제20장은 경솔하고 조급한 과실의 경우를 말했고, 제21장은 맑고 고요하게 되는 올바른 도리를 말했고, 제22장은 수양공부하는 방법의 요지를 말했다. 제23장과 24장은 천성天性을 온전히 발휘하는 효용을 말했고, 제25장은 도를 체득하는 효용을 말했다. 제26장에서 제35장까지는 남을 다스리는 도와 그것이 발휘되는 효용을 말했고, 제36장은 처음에 신중하고 마지막을 고려하여 위난에 미리 예방해야 한다는 의미를 말했다. 제37장과 제38장은 하늘의 도는 선한 사람에게 복을 내리고 음란한 사람에게는 재앙을 내리며, 교만한 자에게는 손해를 주고 겸손한 사람에게는 이익을 준다는 이치를 말했다. 제39장과 40장은 도를 행할 수 있는 사람이 없다는 것을 탄식하며 이 책을 마무리 지었다. 대개 이『순언』은 무위를 종지를 삼으면서도 행하지 않음이 없는 것을 들어 썼으니 또한 허와 무에 빠진 것이 아니다. 다만 가르침이 많고, 성인을 끌어 들여 최상의 것를 논한 것은 많으나 일상사를 논한 것은 적다. 따라서 이 책은 윗자리에 있는 선비들이 접하기에는 알맞지만 일반 사람들에게는 어렵다. 다만 자신의 사적인 이기심을 극복하고 욕망을 억제하며 고요하고 무겁게 자신을 지키며 겸허하고 자애와 간략함으로 백성을 대하는 뜻은 모두 간절하여 배우는 자에게 묘미가 있으며 보탬이 될 것이다. 따라서 성인의 경전이 아니라고 해서 생략해서는 안된다.

　『순언』을 끝내다.

홍계희 발洪啓禧 跋

栗谷先生 嘗鈔老氏之近於吾道者, 二千九十有八言爲醇言一編仍爲之註解
口訣. 昔韓愈以荀氏爲大醇而少疵, 浴削其不合者附於聖人之籍, 曰亦孔子之
志歟. 先生編書命名之意, 或取於此耶. 啓禧攷本文, 盖去其反經悖理者五之三
介, 其取者誠不害乎謂之醇也. 去取如衡稱燭照, 註解又明白亭當, 必援而歸之
於吾道. 識者 以爲非先生知言之明莫能爲也. 異端之所以倍於吾道者以其駁
也. 不駁者固不無可取, 去其駁則醇矣. 高明之士 墮落而不悟者, 特見其醇而
忘其駁也. 苟無如先生之大公至明惡而知其美則, 醇駁相混可用者卒歸於不可
用, 而不可用者或以爲可用其爲害不皆. 曷若區別醇駁去其不可用而存其可用
哉? 當先生之編此也, 龜峯宋先生止之曰非老子之本旨有苟同之嫌, 其言亦直
截可喜. 而至若先生之範圍曲成, 雖於異端外道, 尙惜其可用者混歸於不可用,
必欲去其駁而俾歸乎醇, 百世之下眞可以見其心矣. 於乎至哉啓禧按湖西巡過
連山, 偶得此編於愼齋金先生後孫, 乃金先生手筆也. 或恐泯沒以活字印若干
本仍識其顚末如右云. 庚午正月上澣, 後學洪啓禧謹書.

율곡 선생은 일찌기 노자의 『도덕경』 중에서 유학의 도와 가까운 2098자
를 가려내어 『순언』의 책을 엮고 주해와 구결을 하였다. 당나라의 한유[1]는
순자[2]의 학문이 아주 정순하고 조그만 병통만 있다고 여겨서 유학의 도와

맞지 않는 것은 삭제하여 성인들의 전적에 덧붙이려고 하면서 '이것은 공자의 뜻에 합치될 것이다'라고 하였다. 율곡선생이 이 책을 지어서 제목으로 삼은 뜻이 어쩌면 이러한 것에서 취했음직하다. 계희가 본문을 살펴 보니 유가의 경전에 어긋나고 이치에 맞지 않는 것은 다섯중에서 세가지를 버렸으니 선생이 취한 내용이야말로 진실로 순정하다고 할 수 있다. 버리고 취한 것이 마치 저울이 무게에 알맞고 촛불이 밝게 비추는 것과 같이 주해 또한 명백하고 정당하며, 반드시 가까이 끌어 써도 유학의 도리로 돌아갔다. 지식인들은 선생같이 남의 이론을 들어 시비를 밝히지 않았다면 그 누구도 이 일을 해낼 수 없다고 여긴다. 이단의 설이 유학의 도에 어긋나는 것은 그 설이 조잡하기 때문이다. 조잡하지 않은 것은 본래 취할 수 있고, 그 조잡한 것을 버린다면 순정하게 된다. 고명한 선비들중에 이단설에 빠져서 깨닫지 못하는 것은 특히 그 순정한 설만 보고 그 조잡한 것을 잊었기 때문이다. 만일 선생과 같이 대공무사하고 나쁜 점을 밝히고 좋은 점은 들어 씀이 없다면 순정함과 조잡함이 서로 뒤섞여 쓸만한 것은 마침내 쓰지 못할 곳으로 돌아 가고, 쓰지 못할 것은 혹은 쓸만한 것으로 여겨지는 것을 이루 다 셀수가 없다. 그러니 어떻게 순정함과 조잡함을 구별하여 쓰지 못하는 것은 버리고 쓸만한 것은 보존할 수 있겠는가? 당시 선생이 이 책을 지으려 하자 구봉 송익필3) 선생이 만류하면서 말하기를 "노자의 본래의 요지가

---

1) 韓愈(768-824)의 字는 退之, 唐 昌黎인이다. 長慶(穆宗) 4년에 죽었으며, 禮部尙書를 추증하고 諡號는 文이다. 그의 제자 李漢이 그의 글을 엮어『昌黎先生集』을 만들었다. 그의 전기는『新唐書』권 176 및『舊唐書』권 160에 보인다.

2) 荀卿의 이름은 況, 孫卿이라고도 하며 저서에『순자』32편이 있다. 전국 말기에 유명한 儒者로 孟子와 병칭된다. 그의 전기는『史記』권 74에 보인다.

3) 송익필宋翼弼(1534-1599); 조선조 성리학자. 字는 雲長. 호는 龜峯, 玄繩. 본관은 礪山. 서출출신으로 벼슬을 하지 못했으나 栗谷, 成渾등의 유학자와 교유하였다. 성리학에 대한 주장이 독특하였고, 특히 禮學에 조예가 깊었다. 구봉 송익필을 성리학의 禮學 시조로 봄. 그의 性理說은「太極問」에 잘 나타나 있다. 후일에 持平에 추증

아니고 구차한 혐의만 있게 된다"고 했는데 바로 잘 지적하였다. 그러나
선생이 하나도 빠짐이 없이 일정한 틀에 넣은 것은 이단으로 유학의 도에
벗어 나지만 오히려 쓸만한 것이 섞이어 쓰지 못할 것에 귀착되는 것을
애석하게 여겨서 반드시 조잡한 것을 제거하여 순정한 것으로 돌아 갔으니
오랜 후에도 선생의 마음을 볼 수 있겠다. 내가 호서를 순행할 때 연산을
지나던중 우연히 신독재 김집4) 선생의 후손에게서 김선생이 손수 쓴 이
책을 얻게 되었다. 혹시나 없어질까 우려되어 활자로 인쇄해 두니 내용의
앞뒤가 이상과 같다.

경오년 정월 초순에 후학 홍계희5) 삼가 쓰다.

됨. 시호는 文敬. 저서로는 『龜峯集』이 있다.
4) 金集 1574-1656.(선조7-효종7년). 예학자이자 성리학자이다. 海東十八賢중의 한 사람
   으로 불리운다. 자는 士剛. 호는 愼獨齊. 본관은 光山이다. 김장생의 아들로 아버지
   와 宋翼弼에게서 예학을 전수받았다. 參奉때 광해군의 문란한 정치를 보고 은퇴하
   였다가 인조반정후 등용되었다. 시호는 文敬. 저서로는 『愼獨齊遺稿』, 편서에는 『疑
   禮問解續』이 있다.
5) 洪啓禧(1703-1771); 조선 영조때의 성리학자. 字는 純甫. 호는 淡窩. 본관은 南陽이다.
   1737년 영조 13년 과거에 급제하여 부제학까지 지냄. 그는 특히 주자의 어록과 어
   류등을 수집하였고, 또 주자 문인들에 관해 기술하였다. 저서로는 『삼운성휘三韻聲
   彙』가 있고, 편서로는 『朱子語類大全』, 『朱文公先生行宮便殿奏箚』, 『國朝喪禮補編』,
   『均役事實』등이 있다.

醇言

栗谷先生鈔解口訣.
율곡선생이 발췌하여
주해하고 구결을 달았다.

제1장 천도天道의 조화

道生一하고 一生二ᄒ고 二生三ᄒ고 三生萬物ᄒ니[6]

天地之間이 其猶橐籥乎인뎌

虛而不屈ᄒ며 動而愈出이니라.[7]

萬物이 負陰而抱陽ᄒ고 沖氣以爲和ㅣ니라[8]

道가 하나를 낳고, 하나가 둘을 낳고, 둘이 셋을 낳고, 셋이 만물을 낳으니 천지 사이가 풀무통(바람통)과 같구나!

텅비어 있어서 그 받아 들임이 무궁무진하며 움직일 수록 더욱 더 만들어 낸다.

만물이 음을 지고 양을 안아 음양 이기가 어울려 조화롭게 된다.

---

6) 『道德經』, 42장.

7) 『道德經』 5장

8) 『道德經』 42장.

栗谷 풀이

朱子曰 道卽易之太極. 一乃陽之奇, 二乃陰之耦, 三乃奇耦之積. 其曰二生三猶所謂二與一爲三也. 其曰三生萬物, 卽奇耦合而萬物生也.

董氏曰 橐鞴也篇管也. 能受氣鼓風之物. 天地之間二氣往來屈伸, 猶此物之無心虛而能受, 應而不藏也.

古本皆釋屈作竭. 無形可見, 而無一物不受形焉. 動而生生愈出而愈無窮焉. 朱子曰有一物之不受則虛而屈矣. 有一物之不應是動而不能出矣.

董氏曰 凡動物之類, 則背止於後, 陰靜之屬也. 口鼻耳目居前, 陽動之屬也. 植物則背寒向煖. 故曰負陰而抱陽, 而沖氣則運乎其間也. 溫公曰 萬物莫不以陰陽爲體, 以沖和爲用.

주자는 말하기를 "道는 곧 易의 太極이다. 1은 陽의 수로 홀수이고, 2는 음의 수로 짝수이며 3은 홀수와 짝수가 모인 것이다. 2가 3을 낳는다는 것은 2와 1이 합하여 3이 되는 것과 같다. 3이 만물을 낳는다는 것은 곧 홀수와 짝수가 합하여 만물을 낳는 것이다"라고 하였다.

동사정9)은 "탁(橐)은 밖을 싸덮은 함이다. 약(籥)은 피리같이 진동하여 소리를 내는 것이다. 기를 받아 들여 바람을 뿜어 낼 수 있는 것이다. 천지사이의 음양 이기가 오고 가고 굽히고 펴는 것은 마치 풀무의 속이 텅 비어 받아 들일 수 있고, 감응하면서 저장하지 않는 것과 같다.

고본에는 屈을 없어지지 않는다로 풀이하였다. 형체는 볼 수 없지만 한 사물이라도 형체를 받지 않는 것이 없어서 움직이어 끊임없이 생성되어 더욱 무궁하게 된다. 주자는 말하기를 "한가지 사물이라도 받아 들이지 않으면 텅비어 있어서 없어지지 않는다. 한가지 사물이라도 감응하지 않은 것은 움직여서 나갈 수가 없다"고 하였다.

---

9) 宋대의 道士로『道德眞經集解』를 지었다.

동사정은 말하기를 "동물의 무리는 등이 가슴과 배의 뒤쪽이 후면에서 끝나니 음이며 정靜의 무리이다. 또 입 코 귀 눈은 앞에 있어 양이며 동動의 무리이다. 식물은 추위를 등지고 따뜻한 곳을 향한다. 그러므로 음을 지고 양을 안아 음양 이기가 가득차 그 사이에서 운용된다"고 하였다. 사마광은 (司馬光)[10]은 말하기를 "만물은 음양을 본체로 하고, 충화沖和를 운용으로 삼지 않는 것이 없다"고 하였다.

右第一章 言天道造化, 發生人物之義.
제1장은 천도가 조화하여 사람과 만물이 생성되는 의미를 말했다.

---

10) 司馬光(1019-1086)의 字는 君實, 宋 夏縣인이다. 寶元(人宗,1038-1039)초의 進士로 同知諫院을 지냈고, 神宗때는 王安石의 新法을 의론하여 맞지않자 벼슬을 떠났다. 哲宗초에 尙書左僕射가 되자 신법으로 폐해가 큰 것은 모두 파기하였다. 재상의 자리에 있은지 8개월만에 죽었는데, 太師.溫國公을 贈하고 諡號는 文正이다. 저서로는 『資治通鑑』『傳家集』『書儀』『涑水紀聞』등이 있다. 전기는 『宋史』 권 336에 보인다.

제2장 도道와 덕德의 존귀함

道生之ㅎ고 德畜之ㅎ고 物形之ㅎ고 勢成之라 是以萬物이 莫不尊道而遺德ㅎ니 道之尊과 德之遺는 夫莫之爵而常自然이니라.[11]

도는 만물을 생성하고 덕은 만물을 기르니, 만물을 형성하여 자연적인 세가 이루어진다. 따라서 만물은 도를 받들고 덕을 귀하게 여기지 않음이 없으니, 도가 존귀하고 덕이 귀한 것은 누가 그렇게 정한 것이 아니라 스스로 그러한 것이다.

율곡 풀이

道卽天道所以生物者也. 德則道之形體乃所謂性也. 人物非則無以資生, 非德則無以循理而自養. 故曰道生德畜也. 物之成形勢之相因, 皆本於道德. 故道德最爲尊貴也.

道는 곧 天道로 만물을 생성하게 하는 것이다. 德은 道가 형체를 지닌

---

11) 上同, 51장.

것으로 性이라고 한다. 사람과 만물은 법칙이 아니면 바탕이 생겨날 수 없고, 덕이 아니면 이치를 따라서 저절로 길러질 수 없다. 그러므로 도는 만물을 낳고 덕은 만물을 기른다고 하는 것이다. 만물이 형체와 세력을 이루어 서로 따름은(기인함은) 모두 道와 德에 근본하기 때문이다. 그러므로 道와 德이 가장 존귀하다.

右第二章 承上章 言道德有無對之尊也.
제2장은 1장을 이어서 道와 德이 가장 존귀함을 말했다.

제3장 도의 본체

道常無爲호디 而無不爲니라.[12]

道는 영원불변하여 아무 것도 행하지 않지만 하지 못하는 바가 없다.

율곡 풀이

上天之載無聲無臭, 而萬物之生實本於斯. 在人則無思無爲寂然不動, 感而遂通天下之故也.[13]

가장 높이 있는 하늘이 하는 일은 소리도 없고 냄새도 없으나 만물이 생겨남은 실제로 여기에 근본한다. 사람의 경우에는 생각도 없고 행함도 없고 고요히 움직임도 없으나 감응하여 결국에 통하게 되는 것이 세상의 이치이다.

---

12) 上同, 37장.

13) 『周易』「繫辭傳」

右第三章 亦承上章 而言道之本體無爲, 而妙用無不爲, 是一篇之大旨也.

제3장은 또한 2장을 이어서 도의 본체는 행함이 없으나, 도의 오묘한
작용은 행하지 않음이 없다는 것을 말했으니 앞 편의 커다란 요지이다.

제4장 도의 공부

三十輻이 共一轂애 當其無ᄒ야 有車之用ᄒ고

埏埴以爲器애 當其無ᄒ야 有器之用ᄒ고

鑿戶유ᄒ여 以爲室애 當其無ᄒ야 有室之用ᄒ니

故有之以爲利오 無之以爲用이니라[14]

수레의 서른개 바퀴살이 모두 하나의 바퀴통에 다같이 모여 있어 바퀴통 속이 비어 있어야 수레가 쓸모있게 되고,

진흙을 이겨 그릇을 만들 경우에 그릇 가운데가 비어 있어야 그릇은 그 기능을 발휘한다.

문과 창을 뚫어 방을 만들면 그 가운데가 비어 있어서 방은 방으로 사용될 수 있다.

그러므로 유형(有)의 사물이 이롭게 쓰이는 것은 무형(無)을 활용했기 때문이다.

---

14) 上同, 11장.

율곡 풀이

朱子曰 無是轂中空. 處惟其中故能受軸而運轉不窮. 董氏曰 謂輻轂相湊以
爲車, 卽其中之處有車之用.

董氏曰 埏和土也, 埴粘土也. 皆陶者之事. 此亦器中空無然後, 可以容物爲
有用之器. 下意同.

鑿穿也. 外有而成形, 中無而受物. 外有譬則身也. 中無譬則心也. 利者順適
之意. 利爲用之器, 用爲利之機也. 非身則心無所寓, 而心不虛則理無所容. 君
子之心, 必虛明無物, 然後可以應物. 如轂中不虛則爲不運之車, 器中不虛則爲
無用之器, 室中不虛則爲不居之室矣.

주자가 말하기를 "무無는 바퀴통의 빈 곳이다. 오직 그 안이 비었으므로
바퀴살을 받아 들여 계속해서 돌아갈 수가 있다"고 했다. 동사정이 말하기
를 "바퀴살과 바퀴통이 모여서 수레가 되고, 가운데가 비어서 수레가 움직
일 수가 있다"고 했다.

동사정은 말하기를 "埏은 흙을 다지는 것이고, 埴는 흙을 빚는 것이다.
모두 도공의 일이다. 이것은 또한 그릇은 안이 비게 그릇을 빚은 연후에야
물건을 담을 수 있어 쓸모 있는 그릇이 된다. 아랫 문장도 의미는 같다"고
했다.

착鑿은 뚫는다는 것이다. 외형이 있어야 형태를 이루고, 가운데가 비어야
사물을 받아 들이게 된다. 외면은 말하자면 신체와 같다. 가운데가 비어야
하는 것은 말하자면 마음心과 같다. 이利는 순종하여 거스리지 않는다는
의미이다. 이利는 사용할 수 있는 그릇이며 용用은 이利의 기틀이 되는 것이
다. 몸이 아니면 마음이 깃들어 의지할 때가 없고, 마음이 비어 있지 않으면
도리理를 수용할 곳이 없다. 군자의 마음은 반드시 밝게 비워서 사물의 형체
를 없앤 이후에야 사물을 응접할 수 있다. 예를 들어 바퀴통 중심이 비어
있지 않으면 움직일 수 없는 수레가 되고, 그릇 안이 비어 있지 않으면

쓸모 없는 그릇이 되며, 방이 비어 있지 않으면 거주할 수 없는 집이 된다.

右第四章. 三章以上言道體, 此章以後始言行道之功, 而以虛心爲先務蓋必虛心. 然後可以捨己之私, 受人之善而學進行成矣.

제4장이다. 제3장 이상은 도체를 말했고, 이 장부터는 처음에 도를 행하는 공부를 말했고, 마음을 비우는 것을 먼저 힘써야 할 것으로 삼았다. 대개 마음을 비운 이후에야 자신의 사사로움을 버리고 남의 선함을 받아 들일 수 있어야 학문에 진전이 있고 성과가 있게 된다.

제5장 도의 공부

五色이 令人目盲ᄒ며 五音이 令人耳聾ᄒ며 五味이 令人口爽ᄒ며

馳騁畋獵이 令人心發狂ᄒ며

難得之貨이 令人行妨ᄒ니

是以聖人은 爲腹不爲目이라 故去彼取此ㅣ니라[15]

滌除玄覽ᄒ야 能無疵乎아

愛民治國애 能無爲乎아

天門開闔에 能爲雌乎아

明白四達호디 能無知乎아

生之畜之호디 生而不有ᄒ며 爲而不恃ᄒ며 長而不宰ᄒ니[16]

　찬란한 다섯가지 색은 사람의 눈을 어둡게 하며, 난잡한 다섯가지 소리는 귀를 멀게 하며, 잡다한 다섯가지 음식의 맛은 미각을 잃게 한다.

　멋대로 말을 몰아 달리며 사냥을 하는 놀이는 마음을 미치게 만들며, 얻기 어려운 귀중한 재물은 사람의 행동을 흔들어 놓는다.

---

15) 上同, 12장.

16) 『道德經』, 10장.

그러므로 성인은 배를 가득 채우는 일만 할 뿐이지 눈의 감각을 위하지 않고, 외형적인 물질의 생활을 버리고 소박하고 욕심이 없는 생활을 취한다.

마음의 거울에 비추어진 잡스러운 것을 말끔하게 씻어 낼수 있는가!

백성을 사랑하고 나라를 다스리되 무위의 도로 할 수 있는가!

감각기관이 활동하는데 마음이 고요할 수 있는가!

사방에 통달하는 밝은 예지를 가지고 있으면서 아는 것이 조금도 없을 수 있는가!

천지는 만물을 낳고 기르되, 만유를 낳고도 자기의 소유로 하지 않으며, 스스로 한 바가 있지만 자만하지 않으며, 만물을 길러 주었으나 아무 것도 거느리지 않는다.

율곡 풀이

爽失也. 五色五音五味本以養人, 非所以害人. 而多循欲而不知節. 故悅色者失其正見, 悅音者失其正聽, 悅味者失其正味也.

董氏曰 是氣也而反動其心. 愚按好獵者本是志也, 而及乎馳騁發狂, 則反使氣動心.

董氏曰 妨謂傷害也, 於善行有所妨也.

董氏曰 去除去也. 腹者有容於內而無欲. 目者逐見於外而誘內. 蓋前章言虛中之玅用, 故此則戒其不可爲外邪所實也.

滌除者淨洗物欲也. 玄覽者照察妙理也. 蓋旣去聲色臭味之慾則心虛境淨, 而學識益進. 至於知行竝至, 則無一點之疵矣.

修己旣至則推以治人, 而無爲而化矣.

開闔是動靜之意. 雌是陰靜之意. 此所謂定之以中正仁義, 而主靜者也.

董氏曰 此寂感無邊方也. 愚按 此言於天下之事, 無所不知, 無所不能. 而未

嘗有能知之心, 詩所謂'不識不知, 順帝之則'者也. 夫如是則上下與天地同流
參贊, 育而不自居也. 下文乃申言之.

天地生物而不有其功, 運用造化而不恃其力, 長畜群生而無有主宰之心. 聖
人之玄德亦同於天地而已. 玄德至誠淵微之德也.

爽은 잃음이다. 오색五色[17], 오음五音[18], 오미五味[19]는 본래 사람을 길러
주는 것이지 사람을 해치는 것이 아니다. 그러나 사람들은 지나치게 욕심을
쫓아 절제할 줄을 모른다. 그러므로 오색을 지나치게 즐기는 자는 바르게
볼 수 없고, 오음을 지나치게 즐기는 자는 바르게 들을 수 없고, 오미를
지나치게 즐기는 자는 올바르게 맛을 볼 수 없다.

동사정은 말하기를 "이것은 기氣이나 도리어 그 마음을 동요하게 하는
것이다"[20]라고 하였다. 내가 생각하건데 사냥을 좋아하는 것은 본래 하고자
하는 의지인데, 말달리고 사냥하면서 미쳐 버리는데 이른다면 도리어 기가
그 마음을 동요시키는 것이다.

동사정은 말하기를 "방妨은 다치고 해친다는 의미로 선행에 해를 미치는
것이다"라고 하였다.

동사정은 말하기를 "거去는 제거함이다. 복腹은 안으로 받아 들이는 것으
로 외면의 욕심이 없는 것이다. 눈은 외면을 보고 따르기 때문에 내면의
마음을 유혹한다"고 했다. 대개 4장에서는 안이 비었을 때 쓰이는 것에 대해
말했다. 그러므로 이 장에서는 외부의 사사로움으로 내면을 채워서는 안됨
을 경계한다.

---

17) 오색; 청青, 적赤, 황黃, 백白, 흑黑을 가리킨다. 여기서는 울긋불긋한 여러가지 찬란
한 색을 말한다.

18) 오음; 궁宮, 상商, 각角, 치徵, 우羽를 가리킨다. 여기서는 난잡하고 잡다한 소리를
말한다.

19) 오미; 신맛酸, 쓴맛苦, 단맛甘, 매운맛辛, 짠맛鹽을 가리킨다. 여기서는 잡다하게 화
려하게 차려진 음식을 말한다.

20) 『孟子』「公孫丑」上. "志壹則動氣, 氣壹則動志也. 今夫蹶者趨者, 是氣也而反動其心."

척제滌除는 외물에 대한 욕심을 깨끗하게 씻어 낸다는 말이다. 현람玄覽은 오묘한 이치를 마음에 비추어서 살핀다는 말이다. 이목구비의 육신의 감각적 욕심를 버리면 마음의 경계가 텅비고 깨끗하여 학식이 더욱 진보하게 된다. 지행知行이 아울러 지극한 경지에 이르면 한 점의 허물도 없게 된다.

자신의 수양을 이미 지극한 경지에 이르면 자신을 미루어 나가 남을 다스릴 수 있으며, 행하지 않아도無爲 조화가 이루어진다.

개합開闔은 움직임과 고요함의 의미이다. 자雌는 차분하고 고요하다는 의미이다. 이것은 중정中正과 인의仁義의 덕을 정해서 고요함靜을 위주로 하는 것이다.

동사정은 말하기를 "이것은 마음이 고요하여 가장자리가 없는 것이다"라고 하였다. 내 생각에 이것은 세상의 일에 대해 알지 못하는 것이 없고, 하지 못하는 일이 없다. 그러나 일찌기 알려고 하는 마음이 없으니, 『시경』에 '알지 못하는 사이에 하늘의 법칙을 따른다'[21]는 의미이다. 이와 같다면 위 아래 모두 천지와 같은 덕을 지녀, 만물을 길러 주어도 자신의 공으로 자처하지 않는 것이다. 아래 글은 이 의미을 풀이한 것이다.

천지는 만물을 만들어 내지만 그 공을 자처하지 않으며, 만물을 운용하고 조화를 일으키나 그 능력을 뽐내지 않으며, 만물을 길러 주지만 주재하려는 마음이 없다. 성인의 현묘한 덕은 또한 천지와 같을 뿐이다. 현묘한 덕은 지극히 성실하고 깊고 세미한 덕이다.

右第五章 此承上章而始之以初學遏人欲之功, 終之以參贊天地之盛. 自此以後諸章所論皆不出此章之義.

제5장은 4장을 이어서 처음에 학문을 시작하는데 인간의 욕심을 제거하

---

21) 『詩經』「大雅」文王 皇矣 참조.

는 공부를 들었고, 천지와 더불어 덕을 성대히 하는 것으로 끝을 맺었다. 이후의 몇 장의 논점은 이 장의 의미를 벗어나지 않았다.

제6장 도의 공부

爲學은 日益ㅎ고 爲道는 日損이니 損之又損노ㅎ야 以至於無爲니라.[22]

학문은 배우면 지식과 욕심이 나날이 늘어가고, 도를 배우면 지식과 욕심이 나날이 덜어지니(줄어드니), 덜어내고 또 덜어내야 무위의 경계에 도달하게 된다.

율곡 풀이

學以知言道以行言. 知是博之以文, 故欲其日益. 行是約之以禮, 故欲其日損. 盖人性之中萬善自足, 善無加益之理. 只當損去其氣稟物欲之累耳. 損之又損之以至於無可損, 則復其本然之性矣.

학은 지식을 말하고, 도는 행실을 말한다. 지식은 문장을 통해 넓어지므로 나날이 늘어나기를 바란다. 행실은 예를 통해 요약되므로[23] 나날이 줄어

---

22) 『道德經』, 48장.

23) 『論語』「雍也」, 25장. "子曰 君子博學於文 約之以禮 亦可以弗畔矣"

들기를 바란다. 인간의 본성 가운데 온갖 선은 저절로 가득하기 때문에 선을
보태야 할 이유가 없다. 다만 그것을 덜어 낼려면 기가 품수받은 물욕의
장애를 제거하면 될 뿐이다. 덜어내고 또 덜어내서 더 이상 덜어낼 것이
없으면 본성本然之性을 회복하게 된다.

右第六章 承上章以起下章之義.
제6장은 5장의 의미를 이어서 7장의 의미를 일으켰다.

제7장 절제의 공부

治人事天이 莫若嗇이니

夫唯嗇이면 是以早服이오 早服이면 謂之重積德이니

重積德이면 則無不克ㅎ고 無不克이면 則莫知其極이니 莫知其極이면 (可以有國,有國之母) 可以長久ㅣ니라[24]

사람을 다스리고 하늘을 섬기는데는 쓰지 않는 것만 같은 것이 없다.

오직 지혜를 드러 내지 않는다면 이것이 일찍 도를 회복하는 방법이다. 속히 이루는 도를 따르면 덕이 두텁게 쌓이는 것이니

두텁게 덕이 쌓여지면 이기지 못할게 없고, 이기지 못할게 없으면 그 궁극적인 경지를 알 수 없다. 이렇게 되면 영원불변하다고 하는 것이다.

율곡 풀이

董氏曰 嗇乃嗇省精神, 而有斂藏貞固之意. 學者久於其道, 則心廣氣充而有

---

24) 『道德經』 59장.

以達乎天德之全矣. 愚按 事天是自治也. 孟子曰 '存其心養其性所以事天也'.
言自治治人, 皆當以嗇爲道. 嗇是愛惜收斂之意. 以自治言, 則防嗜慾 養精神
愼言語 節飮食 居敬行簡之類是嗇也. 以治言, 則謹法度 簡號令 省繁科 去浮
費 敬事愛人之類是嗇也.

董氏曰 重再也. 朱子曰 '早復者, 言能嗇則不遠. 而復重積德者, 言先己有所
積復養以嗇是又加積之也. 愚按 人性本善是先己有所積也.

不遠而復則己私無不克矣. '克己復禮則天下歸仁', 其德有限量哉. 德無限
量, 至於博厚高明, 則是悠久無疆之道也.

동사정은 말하기를 "색嗇은 정신을 아끼고 반성해서 안으로 거두어 들여
곧게 한다는 의미이다. 배우는 자는 오랫동안 도를 회복하면 마음이 넓어지
고 기가 충만해져 하늘의 덕天德에 온전히 도달할 수 있다"고 했다. 내 생각
에는 하늘을 섬기는 것은 바로 자신을 다스리는 것이다. 맹자는 '그 마음을
보존하여 본성을 기르는 것은 하늘을 섬기는 것'[25]이라고 했다. 자신을 다스
리고 남을 다스리는 일은 모두 절제로 도를 삼아야 함을 말한 것이다. 색嗇
은 거두어 들인 것을 아낀다는 의미이다. 자신을 다스리는 것으로 말하면
욕구를 막고 정신을 배양하고 언어를 신중하게 하고 음식을 절제하고 몸가
짐을 공경히 하고 간소하게 행동하는 부류들이 절제嗇인 것이다. 남을 다스
리는 것으로 말하면 법도를 삼가하고, 명령을 간략히 하고, 번거로운 조문은
생략하고, 사치와 낭비를 없애고, 일을 정성스럽게 하고, 남을 사랑하는 부
류들이 절제嗇이다.

동사정은 말하기를 "중重은 거듭함이다". 주자는 말하기를 "일찍 도를
회복함은 절제할 수 있다면 멀지 않아 도를 회복하게 된다는 것이다. 덕을
두텁게 쌓는 것은 먼저 자신에게 쌓은 덕이 있고, 다시 절제함으로써 그
덕을 배양하면 더욱 덕이 두텁게 쌓인다는 것이다. 내 생각에 사람의 본성이

---

25) 『맹자』 「진심장」상. 1장

본래 선한 것은 자신에게 미리 쌓은 덕이 있기 때문이다"라고 했다.

일찍 도를 회복하면 자신의 사사로움을 극복하지 않음이 없게 된다. 자신의 사사로운 욕심을 이겨 예에 돌아가면 천하인들이 모두 인의 덕을 따르게 되니[26), 어찌 덕의 한계가 있겠는가? 덕은 무한하여 깊고 넓고 높으며 밝은 경지에 이른다면 이것이 바로 한이 없고 영원불변한 도이다.

右第七章 言入道成德, 以嗇爲功是損之之謂也. 此下五章皆申言此章之意.

제7장은 도에 입문해서 덕을 이룸에는 절제함으로써 공부를 삼아야 한다는 것으로 사욕을 덜어 내고 덜어 내야 함을 말한 것이다. 아래의 다섯장은 모두 7장의 의미를 넓혀서 풀이하였다.

---

26) 『논어』「안연」 1장. "顔淵問仁 子曰 克己復禮爲仁 一日克己復禮 天下歸仁焉 爲仁由己 而由人乎哉"

제8장 내면의 공부

少則得이오 多則惑이라.[27)

跂者不立ㅎ며 跨者不行ㅎ니

是以聖人은 抱一ㅎ야 爲天下式이니라[28)

不自見故明ㅎ며 不自是故彰ㅎ며 不自伐故有功ㅎ며 不自矜故長이니 夫惟不爭이라 故天下ㅣ 莫能與之爭이니라[29)

自見者不明ㅎ며 自是者不彰ㅎ며 自伐者無功ㅎ며 自矜者不長이니 其於道也애 日餘食贅行이라 物或惡之일ㅅ 故有道者不處ㅣ니라[30)

적으면 도리어 많이 얻을 수 있고, 나날이 많아지면 미혹하게 된다.

발끝으로 서있으면 오래 있지 못하며, 큰 걸음으로 걷는 자는 오래 걷지 못한다.

따라서 성인은 한가지를 안아 천하의 모범이 된다.

---

27) 『上同』, 22장.
28) 『上同』, 24장.
29) 『上同』, 22장
30) 『上同』, 24장.

자신을 내세우지 않은 까닭에 스스로 도에 밝아지고, 자기의 주장을 하지 않으므로 자신이 드러나게 되고, 자신을 과시하지 않아도 도리어 그 공로가 온전하며 교만하지 않아서 재능이 있게 된다. 오로지 남과 다투지 않으므로 세상의 어느 누구와도 시비하지 않는다.

자기 소견을 드러내는 자는 도리어 알려지지 못하며, 자기 주장을 고집하는 자는 도리어 자신에게 어두우며, 스스로를 뽐내면 공로가 저절로 사라지며, 스스로 능력을 과시하면 으뜸이 되지 못하니, 이것은 도에 있어 음식의 남은 찌꺼기요 몸에 붙은 군더더기 살 같아서 사람들이 싫어할 따름이다. 그러므로 도가 있는 사람은 여기에 자리하지 않는다.

율곡 풀이

董氏曰 道一而已, 得一則無不得矣. 凡事多端則惑.

跂則不能立, 跨則不能行, 疑惑於兩端 而不能主一者也.

董氏曰 隋時趨變以道, 而在乎以謙約爲主抱一, 則全體是道也.

董氏曰 見顯也. 此養德之方也. 蓋抱一則無我, 若更自見自是自伐自矜, 則是我見未忘, 烏可以言一哉. 惟無我則光明盛大, 愈久愈新, 何爭之有. 愚按 書曰 '汝惟不矜, 天下莫與汝爭能與, 汝不伐, 天下莫與汝爭功, 卽此意也.

溫公曰 是皆外競而內亡者也. 如棄餘之食, 附餘之形適使人惡. 董氏曰 有道者足於內, 而不矜於外也.

동사정은 말하기를 "도는 하나일 뿐이니 하나를 얻으면 얻지 못할 것이 없다. 무릇 일에는 단서가 많으면 미혹되기 쉽다"고 했다.

발끝으로 서 있으면 오래 서지 못하고, 큰 걸음으로 걸으면 오래 걸을 수 없으며, 두가지 단서가 미혹하면 한가지도 주도할 수 없다.

동사정은 말하기를 "때에 맞추어 도로써 변화를 추구하고, 겸손과 간략함을 위주로 하여 하나을 포괄한다면 만물 전체가 이 도이다"라고 했다.

동사정은 말하기를 "현見은 드러남이다. 이것은 덕을 기르는 방법이다. 대개 하나를 포괄하면 나라는 아집이 없게 되니, 자주 자신을 드러내고, 자신의 주장만 옳게 여기고, 자랑하고 교만하면 아집을 잊지 못한 것이니 어찌 하나를 말할수 있겠는가? 나라는 아집을 없애면 덕이 밝고 성대하며 더욱 오래고 더욱 새로워지니 어떤 다툼이 있겠는가? 내가 살펴 보니 『서경』 에 '네가 교만하지 않으면 세상에 너와 능력을 다툴 사람이 없다. 네가 자랑하지 않으면 너와 그 공을 다툴 사람이 없다'[31]고 했으니 바로 이 의미이다.

사마온공은 말하기를 "이것은 모두 외면적인 것을 다투어 내면을 잊은 것이다. 이것은 음식의 찌꺼기요 몸에 붙은 군더더기 살처럼 사람들이 싫어하게 된다"고 했다. 동사정은 "도를 지닌 자는 안으로 충만하고 밖으로 교만하지 않다"고 했다.

右第八章.
이상은 제8장이다.

---

31) 『書經大禹謨』

제9장 도와 덕의 공부

知人者는 智오 自知者는 明이오
勝人者는 有力ᄒ고 自勝者는 强이니
知足者는 富ᄒ고
强行者는 有志ᄒ고
不失其所者는 久ᄒ고
死而不亡者는 壽ㅣ니라32)

남을 아는 이는 지혜롭지만 자신을 아는 이는 도에 밝다.
남을 이기는 이는 힘이 세지만 자신을 이기는 사람은 진정 강하니,
자족할 줄 아는 이는 언제든지 풍요롭고,
도와 덕을 힘써 행하는 사람은 뜻이 있다.
본래의 지켜야 할 곳을 지키는 이는 영원하고,
죽었어도 사라지지 않아야 장수하는 법이다.

---

32)『道德經』, 33장.

율곡 풀이

知人之善惡固智矣, 自知之智爲, 尤明明者智之實也.

勝人者血氣之力也, 自勝者義理之勇也. 克己復禮則不屈於人欲, 而强莫加焉.

自知旣明無求於外而常足, 則富莫加焉. 顔淵簞瓢陋巷, 孔子曲肱飮水, 而其樂自如擧天下之物無以易其所樂, 則豈非至富乎. 彼牽於物欲而有求於外者則心常不足雖富有天下猶非富也.

董氏曰 惟自勝故志於道, 而自强不息, 則物莫奪其志, 而與天同健矣.

董氏曰 知道而能行, 則自得其所而居安矣. 愚按 知之明而守之固, 則素位而行無願乎外, 無入而不自得焉. 此乃不失其所也, 是悠久之道也.

孔顔旣歿數千載而耿光如日月豈非壽乎

남들의 선하고 악한 것을 아는 것이 지혜로운 것이지만, 자신을 알 수 있는 지혜는 밝은 덕을 밝히는 것이 지혜의 실질이 된다.

남을 이기는 것은 혈기(육체)의 힘이고, 자신을 이기는 것은 의리의 용기이다. 자신의 사사로운 욕심을 극복하여 예로 돌아 가면 인간의 욕심에 굴하지 않는 것이니 이보다 더 강한 것은 없다.

자신을 잘 알아 이미 도에 밝아서 외면적인 욕구를 구하지 않고 항상 자족하면 이보다 더 부유한 것은 없다. 안연은 한그릇의 밥과 한 표주박의 음료로 누추한 시골에서 살았고,[33] 공자는 거친 밥을 먹고 물을 마시며 팔을 베고 누웠으나[34] 그 즐거움은 천하의 그 어떤 것과도 즐거움을 바꿀 수 없다고 여겼으니 어찌 최고의 부자가 아니겠는가? 외물의 욕심에 이끌려

---

33) 『論語』「雍也」, 9장. "子曰, 賢哉回也, 一簞食 一瓢飮 在陋巷, 人不堪其憂, 回也, 不改其樂 賢哉回也."

34) 『論語』「述而」, 15장. "子曰, 飯疏食飮水, 曲肱而枕之, 樂亦在其中矣, 不義而富且貴, 於我如浮雲."

밖에서만 구하려는 자는 마음이 항상 부족해서 부유함으로 천하를 소유했다고 할지라도 부유하다고 여기지 않는다.

동사정은 말하기를 "오직 자신을 이길 수 있으므로 도에 뜻을 두고 스스로 강하나 쉬지않고 노력하면 어떤 것도 그 의지를 빼앗을 수 없어 하늘과 더불어 군건하다"고 했다.

동사정은 말하기를 "도를 알아서 잘 행할 수 있으면 마땅한 바를 알아서 편안하게 산다"고 했다. 내 생각에 밝게 알아서 도를 군세게 지켜 나가면 평소처럼 지위를 지키면서 일을 하며 외물에 욕심을 두지 않으며 안으로는 자족하지 않음이 없다. 이것이 곧 마땅한 바를 잃지 않는 것이며 영원불변한 도이다.

공자와 안연은 이미 죽은지 천여년이 되었으나 여전히 그 명성이 해와 달처럼 밝으니 어찌 영원한 것이 아니겠는가?

右第九章.
이상은 제9장이다.

제10장 성명지상性命之常

名與身이 孰親고 身與貨ㅣ 孰多오

得與亡이 孰病고

是故로 甚愛면 必大費ㅎ며 , 多藏이면 必厚亡ㅎㄴ니

知足이면 不辱이오 知止면 不殆라 可以長久ㅣ니라[35]

명예와 자신중 어느 것이 더욱 절실하고, 자신과 재물중에 어느 것이 훨씬
소중하겠는가.

채우는 것과 욕심을 버리는 것중 어느쪽이 더 해로운가?

따라서 애착이 지나치면 반드시 소모하는 것이 커지고, 많이 저장하면
반드시 크게 잃기 마련이다.

자신의 분수를 알면 욕을 당하지 않고, 그칠 곳을 알면 위태롭지 않다.
이와 같아야 오래도록 편안할 수 있다.

---

35) 『道德經』, 44장.

율곡 풀이

名者實之賓於身爲外物也. 身一而已貨財則衆多. 若棄身而循名與物, 則捨親而從賓役, 一而求多惑莫甚焉.

得名與貨則身必亡是乃亡也. 得身則雖亡名與貨而不害乎爲得也. 然則得身與亡身孰爲病乎.

愛名者必損實是大費也. 藏財者必失身是厚亡也.

董氏曰 惟審於內外之分, 則知止知足而無得失之患. 故能安於性命之常, 亦何殆辱之有. 所以可長久也.

명예는 자신에게는 실질적인 손님으로 외물에 해당된다. 자신(생명)은 하나 뿐이지만 재화는 그 중에 많다. 만일 자신을 버리고 명예와 재물을 따른다면 친한 이를 버리고 멀리 있는 손님을 따르는 것과 같고, 하나를 뒤로하고 많은 것을 구하려는 것이니, 이보다 미혹함이 심하지는 않다.

명예와 재물을 얻는다면 자신을 반드시 잃게 되니 이것이 곧 잃게 되는 것이다. 자신(생명)을 얻는다면 비록 명예와 재물을 잃더라도 얻은 것은 해가 되지 않는다. 그렇다면 자신(생명)을 얻는 것과 자신을 잃는 것 중에 어느 쪽이 더 병폐가 되겠는가?

명예를 중시하는 자는 반드시 실리를 잃으니 이것은 크게 잃는 것이다. 재물을 간직하는 자는 반드시 자신을 잃으니 이것이 크게 잃는 것이다.

동사정은 말하기를 "오직 안과 밖의 구분을 잘 살피면 그쳐야 할 곳을 알고, 자족할 줄 알게 되어 얻고 잃게 되는 근심이 없게 된다. 그러므로 성명의 변함없는 것에 안주할 수 있다면 또한 어찌 위태로움과 치욕이 있겠는가? 이와 같아야 오래도록 편안할 수 있다"고 했다.

右第十章

이상은 제10장이다.

제11장 구방심求放心과 하학상달下學上達의 공부

不出戶 | 라도 知天下ㅎ며 不窺牖 | 라도 見天道 | 라.

其出이 彌遠이면 其知彌少ㅎㄴ니

是以聖人은 不行而知ㅎ며 不見而名ㅎ며 不爲而成이니라[36]

문 밖에 나가지 않아도 천하의 일을 알며 창문을 내다 보지 않아도 하늘의 도를 본다.

그 문을 나서서 점점 멀어지면 그 아는 것은 한층 줄어드니,

따라서 성인은 나가지 않아도 알 수 있고, 내세우지 않아도 이름이 드러나고, 아무 것도 하지 않지만 저절로 이루어진다.

율곡 풀이

萬物皆備於我, 豈待他求哉. 求其放心, 則可以見道矣. 程子所謂, 自能尋向上去, 下學而上達者是也.

---

36) 『道德經』, 47장.

溫公曰 迷本逐末也. 愚按 心放而愈遠, 則知道愈難矣.

此言聖人淸明在躬而義理昭徹, 乃自誠而明之事也. 學者不可遽跂於此, 但
當收斂放心, 以養其知而勉其所行也.

만물의 이치가 모두 나에게 갖추어져 있으니[37] 어찌 다른 곳에서 구하겠
는가? 잃어버린 마음을 찾으면[38] 도를 볼 수 있다. 정자[39]가 말한 "스스로를
향상시키고 아래로는 일상사를 배우면서 위로 천리를 통달한다"[40]는 것이
이것이다.

사마온공은 말하기를 "이것은 근본을 잃고 말단을 쫓는 것이"라고 했다.
내 생각에 마음을 잃어 버리고 더욱 근본에서 멀어지면 도를 알기가 더욱
어렵다.

여기서 성인은 마음이 깨끗하기를 몸소 실천하며 의리에 밝아서 스스로
성실하고 사리에 밝은 것을 말했다. 배우는 자는 이를 급하게 행해서도 안되
고, 다만 잃어버린 마음을 거두어 들여 지혜를 배양함으로써 그 행하는 바의
것을 힘써야 한다.

右第十一章
이상은 제11장이다.

---

37) 『孟子』「盡心」, 4장.
38) 『孟子』「告子」상, 11장. "學問之道 無他 求其放心而已矣."
39) 程子(1033-1107)는 程伊川을 가리킨다. 정이천의 字는 正叔, 程明道(1032-1110)의 동
　　생으로 세상에서는 이천선생이라고 부른다. 후일 伊川伯에 봉해짐. 오랜 기간 낙양
　　에서 강학했으므로 洛學이라 불리기도 함. 그의 전기는『宋史』권427「道學傳」에 보
　　인다. 저서로는『易傳』,『春秋傳』,『伊川文集』,『語錄』,『二程遺書』,『二程外書』등이
　　있다.『易傳』이외의 것은 모두『二程全書』에 수록되어 있다.
40) 『論語』「憲問」, 37.

제12장 자족自足의 공부

天下有道ㅣ면 却走馬以糞ᄒ고 天下無道ㅣ면 戎馬ㅣ 生於郊ᄒ니니
禍莫大於不知足이오 咎莫大於欲得이니
故知足之足은 常足矣니라41)

천하에 도가 있으면 파발마로 논밭을 경작하게 하고, 천하에 도가 없으면 군마가 전쟁터에서 새끼를 낳는다.

재앙 가운데 족한줄 모르는 것보다 큰 것이 없으며, 허물 가운데 욕구를 충족하려는 것보다 더한 잘못이 없으니,

따라서 자족할 줄 아는 만족함은 항상 넉넉한 것이다.

율곡 풀이

董氏曰 糞治田疇也. 戎馬戰馬也. 郊者二國之境也. 以內言之心君泰然, 則却返氣馬以培其本根. 反是則氣馬馳於外境矣.

41)『道德經』, 46장.

董氏曰 究其根本於縱欲.

無求於外, 則內德無欠. 故應用無窮, 而常足矣.

동사정은 말하기를 "분糞은 밭을 가는 것이다. 융마戎馬는 전쟁때 쓰이는 말이다. 교郊는 두 나라간의 경계이다. 안을 들어 말할 경우 마음이 태연하면 기마氣馬를 돌이키니 자신의 근본을 길렀기 때문이다. 그렇지 않으면 기마가 밖의 싸움터로 치달리게 된다"고 했다.

동사정은 말하기를 "그 근본을 궁구히 하고 욕심이 일어날 때를 살핀다"고 했다.

욕심을 밖에서 구하지 않는다면 내면의 덕이 모자라지 않는다. 그러므로 감응하고 작용함이 무궁하여 항상 넉넉하다.

右 第十二章. 以上五章, 言守道克己, 不自矜伐常知止足之義. 皆推演嗇字之義也.

제12장으로 이상의 다섯장은 자신의 사사로움을 이겨서 도를 지키며, 자랑하고 교만하지 않고, 항상 만족하고 그칠 곳을 아는 의미를 말했다. 모두 색嗇자의 의미를 미루어 넓혔다.

제13장 세가지 보배-자애, 검소, 겸애

我有三寶ㅎ며 保而持之ㅎ노니 一曰慈 | 오 二曰儉이오 三曰不敢先이니라.

夫慈故能勇ㅎ고

儉故能廣ㅎ고

不敢先이라 故能成器長이니라

今애 捨其慈ㅎ고 且勇ㅎ며 捨其儉ㅎ고 且廣ㅎ며 捨其後ㅎ고 且先ㅎ면 死矣

夫慈는 以戰則勝ㅎ고 以守則固ㅎ니 天將救之인댄 以慈衛之니라[42]

나에게는 세가지 보배가 있어서 늘 보호하고 지켜 주니, 첫째는 자애로움이고, 둘째는 검소함이며, 셋째는 감히 먼저 나서지 않는 것이다.

무릇 자애롭기 때문에 능히 용감할 수 있고,

검소하기 때문에 매우 광대할 수 있고,

감히 먼저 나서려고 하지 않기 때문에 만물의 제일이 될 수 있다.

이제 사람들은 자애로움은 버린채 용감하려고 하고, 검약함은 도외시하면서 광대하고자 하며, 몸을 뒤로 하기는 커녕 남을 앞서려고만 하면 죽을

---

42) 『도덕경』, 67장.

뿐이다.

무릇 자애로움으로 전쟁에 임하면 이기고, 자애로움으로 지키면 확고부동하니, 하늘이 백성을 구하려고 할 경우에는 자애로움으로 지켜 주는 것이다.

율곡 풀이

不敢先者謙也. 慈儉謙三者, 持身接物之寶訣也.

董氏曰 仁者必有勇也.

董氏曰 守約而施博也.

器物也. 自後者人必先之, 故卒爲有物之長也. 董氏曰 '乾之出庶物' 亦曰 '見群龍無首吉'.

務勇則必忮, 務廣則必奢, 務先則必爭, 皆死之徒也.

董氏曰 慈者生道之流行, 乃仁之用也. 故爲三寶之首, 以慈御物. 物亦愛之, 如慕父母效死不辭, 是以戰則勝, 守則固故. 曰仁者無敵於天下也. 苟或人有所不及, 天亦將以慈救衛之, 盖天道好還常與善人故也. 程氏曰 去邪而歧周以興 是其救也.

감히 앞서지 않는 것이 겸양이다. 자애, 검소, 겸양 이 세가지는 자신을 지키고 남을 접대하는 보배로운 요체이다.

동사정은 말하기를 "어진 이는 반드시 용감하다"고 했다.

동사정은 말하기를 "요약(간략)해서 지키고 널리 베푼다"고 했다.

기器는 사물이다. 스스로 뒤로 머물러 있는 자는 반드시 앞서게 되므로 마침내 만물의 제일이 된다. 동사정은 말하기를 "건乾이 여러 사물을 낳았다"고 하고, 또 말하기를 "여러 용들이 나타나니 우두머리가 아니어야 길하다"[43]고 했다.

용감하려고 힘쓰면 질시를 받게 되고, 널리 베푸는데 힘쓰면 반드시 사치하게 되고, 감히 앞서려고 하면 반드시 다툼이 생기니, 이들이 바로 죽음의 길을 가는 무리들이다.

동사정은 말하기를 "자애는 도를 끊임없이 생성하여 나가니 바로 인의 효용이다. 그러므로 세가지 보배중에 으뜸은 자애로써 남을 다스리는 것이다. 이렇게 되면 상대도 자애롭게 되어 마치 부모를 위해 죽음을 사양하지 않는 것과 같으니 이것은 전쟁을 하면 이기고, 방어를 하면 굳게 지킬 수 있다. 그래서 말하기를 어진 사람은 천하에 대적할 사람이 없다고 했다.44) 간혹 사람에게 미치지 못하는 바가 있지만 하늘은 자애로움으로 도와주고 지켜주니, 하늘의 도는 돌려 주기를 좋아하고 항상 선한 사람과 더불기 때문이다"라고 했다. 정씨는 말하기를 "빈땅을 떠나 기땅으로 옮김으로써 주周나라가 흥하게 되었으니 이것이 하늘이 주나라를 구휼한 것이다"라고 했다.

右 第十三章. 言三寶爲修己長物之要道. 其下六章皆推廣此章之義, 盖因嗇字之義而伸長之也.

제13장은 세가지 보배가 자신을 닦고 남을 길러 주는 요긴한 도리를 말했다. 이하 여섯장은 모두 이 장의 미루어 넓힌 것으로 색嗇자의 의미를 널리 편 것이다.

---

43) 『易經』「乾卦」
44) 『孟子』「梁惠王」上, 5장.

제14장 자애와 부드러움

人之生也애 柔弱ᄒ고 其死也애 堅强ᄒ며 草木之生也애 柔脆ᄒ고 其死也애 枯槁ᄒ니 故堅强者는 死之徒ㅣ오 柔弱者는 生之徒ㅣ니라.

是以兵强則不勝ᄒ고 木强則共ᄒ니 故堅强이 居下ᄒ고 柔弱이 處上이니라.[45]

天下柔弱이 莫過於水ㅣ로디 而功堅强애 莫之能勝ᄒ니 其無以易之니라.

故로 柔勝剛과 弱勝强을 天下莫不知ᄒ되 莫能行ᄒ니

是以聖人이 言ᄒ사디 受國之垢ㅣ 是謂社稷主ㅣ오 受國不祥이 是謂天下王이라ᄒ시니라.[46]

사람이 날 적에는 부드럽고 연약한데 죽게 되면 굳고 강하며, 초목이 살아 있을 때는 유연하고 죽게 되면 말라 붙어 뻣뻣하니, 굳고 강한 것은 죽음의 무리요 부드러운 것은 생명의 무리이다.

따라서 군대가 지나치게 강하면 이기지 못하고, 나무가 강하면 사람들이 베어가기 마련이니, 강한 것은 아래로 처지고 부드러운 것은 위로 올라 간다.

---

45) 『道德經』, 76장.
46) 『道德經』, 78장.

천하에 물보다 부드럽고 약한게 없지만 강한 것을 꺽는데는 이보다 더 나은게 없으니, 이것은 바뀌지 않는 것이다.

그러므로 부드러움이 굳음을 이기고 연약함이 강함을 이기는 줄은 누구나 알지만 어느 누구도 행하지 못하니,

따라서 성인은 말씀하기를 나라의 온갖 더러움을 감내하는 자를 사직의 주인이라 하고, 나라의 상서롭지 못한 일을 참아 내는 이를 천하의 왕노릇하는 자라고 한다.

율곡 풀이

沖氣在身, 則體無堅强之病. 以理勝氣, 則事無堅强之失矣.

董氏曰 共謂人共伐之也. 列子云 '兵强則滅, 木强則折' 是矣. 物之精者常在上, 而粗者常在下. 其精必柔,其粗必强, 理勢然也.

善下而柔弱, 故必勝堅强. 其理不可易也.

觀水之功堅, 則其理昭然, 豈難知哉. 非知之, 難行之. 惟艱, 故人鮮克行之.
溫公曰 含垢納汚乃能成其大. 愚按 仁覆如天無物不容, 是謂受垢與不祥也.

몸안에 온화한 기운이 있으면 몸이 굳고 강한 병통이 없으며, 이理가 기氣를 이기면 사정에는 굳고 강한 과실이 없다.

동사정은 말하기를 "공共은 사람들이 나무를 모두 베는 것을 말한다. 『열자』[47)에 이르기를 '군대가 강하면 무너지고 나무가 강하면 부러진다'고 함

---

47) 전국시대의 사상가. 열어구列禦寇(생몰년대 미상)가 찬했다고 전해지는 책. 전 8권으로 이루어져 있다. 『한서.예문지』에는 『열자』 8편이 있고, 원주原注에는 "이름은 어구圄寇이고 장자보다 앞선 사람이며 장자보다 앞선 사람이며 장자도 그를 칭찬했다"고 되어 있다. 그러나 이 책은 열어구가 서술한 것을 문인, 후생들이 보완하고 증가시킨 듯 하다. 내용은 天瑞, 皇帝, 周穆王, 仲尼, 湯問, 力命, 楊朱, 說符등 8편으로 되어 있다. 前漢 말기에 유향劉向이 교정하여 8권을 만들고, 東晋의 장담張湛이

이 이것이다. 만물중의 정순한 것은 항상 위에 자리하고, 조잡한 것은 항상 아래에 처한다. 그래서 정순한 것은 반드시 부드러우며 조잡한 것이 반드시 강하니 이치와 세력이 다 그러한 것이다."

선은 아래에 자리하여 부드럽고 연약하므로 반드시 굳고 강한 것을 이긴다. 이 이치는 바뀌지 않는다.

물이 강한 것을 이기는 것을 보면 그 이치가 분명한데 어찌 알기가 어렵지 않은가? 이것은 알기가 어려운 것이 아니라 행하기가 어려운 것이다. 오직 어려우므로 이것을 실행하는 사람이 드문 것이다.

사마온공은 말하기를 "온갖 허물과 더러움을 받아 들여 감내하면 큰 일을 이룰 수 있다"고 했다. 내 생각에 인자함으로 만물을 감싸는 것은 마치 하늘이 만물을 받아들이지 않음이 없는 것과 같아 이것이 더러운 것과 상서롭지 못한 일을 받아 들여 감내하는 것이라고 말하는 것이다.

右第十四章 因上章戰勝之說, 而推明慈柔勝剛暴之義. 夫所謂柔者, 只言仁慈之形耳, 非一於柔弱而已. 若一於柔弱, 則豈能勝剛暴哉. 且其勝之者, 亦出於理勢之當然耳, 非有心於欲勝而故爲柔弱也.

제14장은 13장에서 전쟁에서 이기는 이치를 말한 것을 이어서 자애와 부드러움이 강함과 포악함을 이긴다는 의미를 밝혔다. 이른바 부드러움은 다만 어질고 자애로운 형체를 말한 것이지 한결같이 유약하여 연약한 것을 말한 것이 아닐 뿐이다. 만일 한결같이 부드럽고 연약하기만 하다면 어떻게 강하고 포악함을 이길수 있겠는가? 또한 부드럽고 연약한 것이 이긴다는 것은 또한 이치와 세력에서 나온 당연한 것 뿐이지 마음으로 이기려고 부드럽고 연약한 체 하는 것이 아니다.

주를 달았다. 주석서로는 장담의 『列子注』, 당나라의 殷敬順의 『列子釋文』, 송대 강휼의 『沖虛至德眞經解』, 청대의 兪越의 『列子平議』가 있다.

제15장 검소함

持而盈之ㅣ 不如其已며 揣而銳之ㅣ 不可長保ㅣ니

金玉滿堂이면 莫之能守ㅣ며 富貴而驕ㅣ면 自遺其咎ㅣ니

功成遂身退는 天之道ㅣ니라.[48]

　욕심을 채우는 짓은 적당할 때 그치는 것만 못하며, 헤아림이 예리하면 오래 유지되지 못한다. 금과 옥이 집안에 가득하면 재산을 능히 지키지 못하며, 부귀하고 교만하면 스스로 허물을 남기니, 공이 이루어지고 명예가 얻어지면 스스로 물러나는 것이 하늘의 도이다.

율곡 풀이

　恐盈之或溢而持固之, 不若不盈之爲安也. 恐銳之或折而취量之, 不若不銳之可保也. 蘇氏曰 無盈則無所用持, 無銳則無所用취矣.

　劉師立曰 盈則必虛戒之在滿, 銳則必鈍戒之在進. 今玉必累戒之在貪富貴

---

48) 『道德經』, 9장.

易淫戒之在傲功成名遂必危在乎知止而不失其正.

　　채우면 넘칠까 근심하여 굳게 지키려는 것은 차지 않아서 마음이 편안한 것만 못한 것이다. 헤아림이 예리하면 혹 부러질까 근심하여 헤아리는 것은 예리하지 못해서 보존하는 것만 못한 것이다. 소철49)이 말하기를 "채우지 않으면 지킬 필요가 없고, 예리하지 않으면 헤아릴 필요가 없다"고 했다.

　　유사립50)은 말하기를 "가득 차면 반드시 비게 되니 차는 것을 경계하고, 예리하면 반드시 둔해지니 예리해지는 것을 경계하라. 금과 옥같은 보배는 반드시 쌓아두게 되니 탐욕을 경계하고, 부유하고 지위가 높아지면 음란하기 쉬우니 반드시 교만함을 경계하고, 공이 이루어지고 명예가 이루어지면 반드시 위태로워지니 그쳐야 할 곳을 알아서 바름을 잃지 않아야 한다"고 했다.

　　右 第十五章, 言儉之義.
　　제15장은 검소함의 의미를 말했다.

---

49) 蘇轍; 당송팔대가중의 한명. 자는 子曲 호는 난성이다. 『老子道德經義』 2권이 있다.
50) 劉師立; 당나라 虞城인이다.

제16장 겸양

貴以賤爲本ᄒ며 高以下爲基라 是以後王이 自謂孤寡不穀ᄒᄂ니 此非以賤
爲本邪이 乎아.51)

귀한 것은 천한 것을 바탕으로 하고, 높은 것은 낮은 것을 토대로 한다. 그러
므로 왕과 제후들은 스스로를 고孤52), 과寡53), 불곡不穀54)이라고 자신을 낮추
어서 불렀으니, 바로 이것은 천한 것을 근본으로 삼는 것이 아니겠는가.

율곡 풀이

夫惟自賤則人必貴之, 自下則人必高之, 是以賤爲本, 以下爲基也. 侯王之自

---

51) 『도덕경』, 39장.
52) 孤;임금이 자신을 낮추어서 부르는 말. 孤德의 의미이기도 함. 부모가 없는 자식을
孤라고도 한다.
53) 寡; 임금이 덕이 적다고 겸사하는 말. 남편이 없는 과부라고 칭하기도 함.
54) 不穀; 좋지 못하다, 여물지 못하다, 열매를 맺지 못하다는 의미이다. 복僕으로 머슴
의 의미도 있다.

貶, 是自賤自下之道也.

　스스로 천함을 자처하면 남들이 반드시 그를 귀하게 여기고, 스스로 아래에 처하면 남들이 반드시 높게 여기니 이것이 천함으로 근본을 삼고, 아래에 처하는 것으로 토대를 삼는 것이다. 제후와 왕이 자신을 낮추는 것은 스스로 천하게 자처하고 스스로 낮추는 도리이다.

　右　第十六章　言不敢先之義, 下章同此.
　제16장은 감히 남을 앞서지 않는다는 의미를 말했으며, 아랫 장도 이와 같다.

제17장 최상의 선善

上善은 若水ᄒ니 水ㅣ 善利萬物ᄒ고 而不爭ᄒ며 處衆人之所惡ㅣ라 故幾
於道ㅣ니라[55]

江海所以能爲百谷王者는 以其善下之라 故能爲百谷王이니 是以聖人은 以
言下之ᄒ며 以身後之라 是以處上而人不重ᄒ며 處前而人不害ᄒ며 天下ㅣ
樂推而不厭ᄒᄂ니라.[56]

최상의 선은 물과 같으니, 물의 훌륭한 점은 만물을 이롭게 하면서도 더불
어 다투지 않으며 뭇사람들이 싫어하는 곳에 거처한다. 그러므로 물은 거의
도에 가깝다.

강이나 바다가 백곡의 왕이 될 수 있는 까닭은 스스로 낮은 곳에 처하기
때문이다. 그러므로 백곡의 왕이 될 수 있으니 따라서 성인은 공손한 말로
스스로를 낮추고, 자신을 뒤쳐지게 한다. 그래서 성인이 높은 곳에 자리해도
사람들이 중하게 여기지 않으며, 사람들 앞에 나서도 사람들을 해롭게 하지
않으며, 천하가 즐거운 마음으로 그를 추대해도 싫어하지 않는 것이다.

---

55) 『道德經』, 8장.
56) 『道德經』, 66장.

율곡 풀이

董氏曰 守柔處下乃俗之所惡, 而實近於道.

水固近道, 而江海又水之大者也. 宋徽宗曰 '屯初九曰 以貴下賤大得民也得
其心也'. 處上而人不重, 則戴之也. 懼處前而人不害, 則利之者衆. 若是則無思
不服故不厭也董氏曰楊雄曰自下者高之自後者人先之故天下樂推戴而無厭斁
之心也.

동사정은 말하기를 "부드러움을 지키고 아래에 처하는 것은 곧 일반인들
이 싫어하는 것이나 실제로는 도에 가까운 것이다"라고 했다.

물은 본래 도에 가깝고, 강과 바다는 또한 물중에서 가장 큰 곳이다. 송나
라의 휘종[57]은 말하기를 "둔屯괘 초구初九에 '귀한 신분으로 미천한 곳에
머무르니 민심을 얻게 되었다'고 되어 있다. 윗자리에 있으면서 사람들이
무겁게 보지 않으면 그를 초대하는 것이다. 성인이 사람들 앞에 있음을 즐거
워 하며 사람들이 해롭지 않다고 여긴다면 그를 이롭게 여기는 자가 많게
된다. 이와 같다면 그를 생각하되 복종하지 않는 바가 없게 되어 싫어하지
않는 것이다"라고 했다. 동사정은 말하기를 "양웅[58]은 '스스로 낮은데 처하
는 자는 사람들이 그를 높여 주고, 스스로 뒤로 처지는 자는 남들이 앞세워
준다. 그러므로 천하 사람들이 즐겁게 추대하여 싫어하지 않고 기쁜 마음을

---

57) 徽宗; 북송 황제 趙吉의 帝號이다. 예술적 재능이 풍부하고 서화에 뛰어 남. 그러나
    유약하고 치세의 재능이 없어, 정강 2년 아들 欽宗과 함께 금나라 군대의 포로가
    되어 금나라 五國城에서 죽었다.

58) 楊雄; BC53-AD18. 중국 前漢의 유학자. 자는 子雲. 청년시절에 동향의 선배인 司馬
    相如의 작품을 통해 배운 문장력을 인정받아 辭賦작가로서 成帝때 궁정문인의 한
    사람이 됨. 그는 당시 유행하던 미신적인 참위설讖緯說과 천인상관설天人相觀說을
    반대하고, 역경을 모방하여 『太玄經』을 짓고, 논어를 모방하여 『法言』을 저술했다.
    그의 사상은 유가와 도가를 절충한 것이 많다. 인간의 본성에 대해 性善惡混說을
    주장함. 저서로는 『太玄經』, 『法言』, 『方言』등이 있다.

지니게 되는 것이다'"라고 말했다.

右第十七章.
이상은 제17장이다.

제18장 겸손의 방법

善爲士者는 不武ㅎ고

善戰者는 不怒ㅎ고

善勝敵者는 不爭ㅎ고

善用人者는 爲之下ㅎ니

是謂不爭之德이며 是謂用人之力이니 是謂配天이라 古之極也ㅣ니라.59)

훌륭한 장수는 힘을 내보이지 않고

잘 싸우는 사람은 노한 기색을 보이지 않고

적을 잘 이기는 사람은 적과 다투지 않고

남을 잘 부리는 자는 항상 자신을 낮추니

이것이 남과 다투지 않는 덕이며, 이것이 남을 부리는 힘이니 이것이 하늘과 잘 맞는다고 하는 것이며 옛날의 지극한 도이다.

---

59) 『도덕경』, 68장.

율곡 풀이

董氏曰 不尙力也.

不得己而用兵, 非出於血氣之怒也.

只以征伐正其不正, 而己非有爭奪之心也.

致敬盡禮屈己以下賢, 然後能用賢. 孟子曰 湯之於伊尹, 學焉而後臣之.

謙卑自牧與人爲善, 故人樂爲用其德配天, 無以尙矣.

동사정은 말하기를 "힘을 숭상하지 않는다"고 했다.

할 수 없이 군대를 쓰는 것이지 혈기의 노함을 드러내는 것은 아니다.

다만 정벌을 통해 바르지 못한 것을 바로 잡는 것일 뿐이지 다투어 빼앗으려는 마음이 있는 것은 아니다.

공경을 극진히 하고 예를 다하고 자신을 굽혀 현인들보다 낮춤으로서 현인을 등용할 수 있다. 맹자는 '탕임금[60]은 이윤[61]에게 배운뒤에야 그를

---

60) 湯王; 중국 商왕조의 초대왕. 姓은 子, 이름은 履, 殷湯, 成湯이라고도 함. 하의 桀王이 포악무도하여 제후들이 湯을 섬기자 군사를 이끌고 夏를 멸망시켰으며, 桀을 有巢에 추방하였다. 즉위한 후 국호를 商이라 하고, 伊尹을 등용하여 정치, 교육, 문물을 정비함. 그의 치적은 『帝王世紀』, 『史記. 殷本紀』, 『山海經. 大荒西經』, 『墨子. 非功下』에 보인다.

61) 은대 초기의 재상. 이름은 지摯, 尹은 자이다. 관명인 阿衡이 호가 되었다. 신야薪野에서 농사를 짓다가 탕왕의 부름을 세번 받고 나아가 탕왕을 도와 중국을 평정하였다. 탕왕이 죽은뒤 왕위에 오른 外丙, 中壬, 太甲을 섬겼다. 탕왕의 손자인 태갑이 무도하여 법을 어지럽히자 桐으로 추방하고 스스로 천자의 일을 대행했다. 3년후에 태갑이 改過修德하자 왕위에 복위시키고 보좌에 힘썼다. 태갑의 뒤를 이은 옥정沃丁때에 죽었으며 나이는 100살이었고, 천자의 예로써 장사지냈다고 함. 그는 天命은 尙德을 지닌 사람에게만 내려지며, 천자는 祖上의 법을 따르는 것에 의하며, 그 지위를 보전할 수 있다는 天人感應的인 사상을 바탕으로 천자에게 德을 純一하게 할 것을 진언하였다. 저서로는 伊訓, 肆命, 組后등 3편이 있다. 그러나 伊訓만이 서경에 전한다.

신하로 삼았다'62)고 했다.

겸손하고 자신을 낮추어 남들과 더불어 선하도록 도움으로써 사람들이 즐거이 등용하도록 하며, 하늘과 잘 맞아서 이보다 더 높이는 것이 없었다.

右 第十八章 極言慈柔謙下之德可以配天也.

제18장은 자애로움과 부드러움과 겸손으로 아래에 처하는 덕으로 하늘과 잘 맞을 수 있음을 말했다.

---

62) 『孟子』「公孫丑」下, 2장. "湯之於伊尹, 學焉而後臣之, 故不勞而王."

제19장 겸허의 덕

上士는 聞道애 勤而行之ᄒ고 中士는 聞道애 若存若亡ᄒ고 下士는 聞道애
大笑之ᄒᄂ니 不笑ㅣ면 不足以爲道ㅣ니라

建言애 有之ᄒ니 明道는 若昧ᄒ며 進道는 若退ᄒ며 上德은 若谷ᄒ며 太
白은 若辱ᄒ며

大器는 晩成이라ᄒ니라.[63]

大成은 若缺ᄒ니 其用不蔽ᄒ며

大盈은 若沖ᄒ니 其用不窮ᄒ며

大直은 若屈ᄒ며 大巧는 若拙이니라.

大辯은 若訥이니[64] 善者는 不辯ᄒ고 辯者는 不善ᄒ며 信言은 不美ᄒ고
美言은 不信이니라.[65]

大音은 希聲ᄒ며 大象은 無形ᄒ니 道隱無名이니라.[66]

---

63) 『道德經』, 41장.
64) 이상은 『道德經』, 45장.
65) 이상은 『道德經』, 81장.
66) 『道德經』, 41장.

으뜸가는 사람은 도를 들으면 힘써 실천하고, 중간의 사람은 도를 들어도 있는 듯 없는듯 반신반의하고, 하층의 사람은 도를 듣고는 크게 웃어 버리고 무시하니, 이런 무리들이 웃지 않는다면 도라고 할 수 없다.

속담에 다음과 같은 말이 있다. 밝은 도는 어두운 듯 하며, 앞으로 나가는 도는 마치 뒤로 물러 가는듯 하고, 가장 높은 덕은 깊은 계곡과 같으며 아주 깨끗한 것은 아주 더러운듯 하며

큰 그릇은 뒤늦게 이루어진다고 하느니라.

크게 이룬 것은 이그러진 듯 하나 그 쓰임새는 다하지 않으며

크게 충만한 것은 비어 있는듯 하지만 그 쓰임새는 무궁하며

크게 곧은 것은 마치 굽은듯 하며 큰 기교는 마치 서투른 것 같으니라.

최고의 웅변은 마치 말더듬이 같으니, 착한 이는 말을 잘하지 않고, 말을 잘하는 사람은 착하지 못하며, 진실한 말은 밖으로 꾸미지 않고, 꾸미는 말은 신실하지 못하다.

가장 큰 소리는 희미하며 가장 큰 모양은 형상이 없으니 도는 은미하여 이름이 없다.

율곡 풀이

上士聞道篤信不疑, 中士疑信相半. 下士茫然不曉, 反加非笑, 若合於下士所見, 則豈聖人之道哉.

建言, 古之所立言也. 明道者若無所見, 進道者退然若不能行德之, 高者謙如谷之虛, 潔白之至者, 自處如有玷汚也.

積之久然後發之洪, 故大器不速成.

董氏曰 敝敗壞也. 體至道之大全而盛德, 若不足故其用愈久而愈新也.

道備於己而謙若沖虛, 故積愈厚而用愈厚窮. 董氏曰 此兼用而言. 愚按 中間二句, 言其用, 上下則皆略文也.

與物無競故其直若屈, 曲當而無跡, 故其巧若拙.

不事乎辯而發, 必當理者謂之大辯. 吉人辭寡故其辯若訥. 以善爲主則不求
辯, 以辯爲主則未必善也. 美者華飾也. 忠信之言, 不必華美. 華美言, 未必忠
信.

希者聽之不聞也. 道本無聲無臭, 而體物不遺, 强名之曰道, 其實無名也. 體
用一源顯微無間之妙, 豈中下士之所能聽瑩哉.

으뜸인 사람은 도를 들으면 독실하게 믿어 의심하지 않으며, 중층의 사람
은 반신반의하며, 하층의 사람은 망연히 깨닫지 못하고 도리어 비웃지 않는
다면 하층의 사람들이 본것과 합하는 것이라면 어찌 성인의 도이겠는가?

건언建言은 옛날에 했던 말들이다. 도에 밝은 자는 마치 도를 보지 못한
듯 하고, 도로 앞으로 나간 자는 물러나 마치 행하지 못한것 처럼 하고,
덕이 높은 자는 스스로 겸손하여 깊은 골짜기에 있는 듯이 한다. 지극히
결백한 자는 마치 아주 흠이 있는 것처럼 한다.

오랫동안 덕을 쌓은 이후에야 넓어지니 큰 그릇은 빨리 이루어지지 않는다.

동사정은 말하기를 "폐는 다 없어진 것이다. 지극한 도의 온전함을 체현
했으나 성한 덕이 모자란듯 보이므로 그 작용은 오랠수록 더 새로워진다"고
했다.

도가 자신에게 갖추어여 있어 겸손하기가 공허함으로 덕을 더욱 두텁게
쌓을 수록 작용이 더욱 무궁하다. 동사정은 말하기를 "이것은 작용을 아울
러 말한 것이다"라고 했다. 내 생각에는 중간의 두 구절은 그 작용에 대해
말한 것이며, 위와 아래는 모두 간추린 글이다.

사람들과 경쟁하지 않으므로 그 곧음은 마치 굽은듯 하며 이치에 맞으나
자취가 없다. 그러므로 그 기교는 마치 서투른듯 하다.

말을 잘 하지 않으나 말을 하면 반드시 이치에 맞는 것을 최고의 웅변이라
한다. 길한 사람은 말이 적으므로 말주변이 어눌한것 같이 한다. 선을 위주

로 하면 변론하려 들지 않고 변론을 위주로 하면 반드시 선하지 않다. 미美
는 화려하게 꾸미는 것이다. 충직하고 신실한 말은 반드시 화려하게 꾸미지
않으며, 화려하게 꾸미는 말은 반드시 충직하고 신실하지 않다.

희希는 소리를 듣되 들리지 않는 것이다. 도는 본래 소리도 없고 냄새도
없어 만물을 체현하되 하나도 남김이 없으니 억지로 붙여 도라고 하는 것이
지 실제로는 이름이 없다. 본체와 작용은 한가지 근원에서 나오고, 미미하기
도 하고 사이가 없는 미묘함을 중간층이나 하층의 사람들이 어떻게 보고
들을 수 있겠는가?

右第十九章 推明謙虛之德, 合乎道體之本然. 文王望道而如未之見, 顏子以
能問於不能, 以多問於寡. 有若無, 實若虛, 犯而不校卽此章之意也. 申言十三
章, 三寶之義者止此.

제19장은 겸허의 덕이 도체의 본연과 합함을 미루어 밝혔다. 문왕은 도를
바라 보면서도 보지 못한 것처럼 했고, 안연은 능력이 있으면서도 능력이
없는 사람에게 물었고, 많이 알면서도 적게 아는 사람에게 물었다. 있는
것은 없는 것 같고, 가득 찬 것은 빈 것 같으니 거역되었으나 바로 잡지
않은 것은 이 장의 의미이다. 13장에서부터 시작한 세가지 보배의 설명은
여기서 그치겠다.

제20장 군자의 태연함

重爲輕根이오 靜爲躁君이라 是以君子ㅣ 終日行호되 不離輜重ㅎ느니라.
雖有榮觀이나 燕處超然ㅎ느니라.
奈何萬乘之主ㅣ 而以身輕天下ㅣ리오 輕則失臣ㅎ고 躁則失君이니라.67)
飄風不終朝ㅣ오 驟雨不終日이니 天地도 尙不能久이어든 而況於人乎ㅣ녀
ㅅㄷ.68)

무거움은 가벼운 것의 뿌리가 되고, 고요함은 조급함을 다스리는 임금이
다. 따라서 군자는 길을 가도 묵직함에서 이탈하지 않는다.

비록 화려한 생활을 누린다고 하나 태연하고 초연하게 기거한다.

어찌 천자된 사람으로서 몸을 가볍게 하겠는가. 군주가 가볍게 굴면 신하
를 잃고, 신하가 조급하게 굴면 군주를 잃게 된다.

그러므로 강풍은 아침나절 계속해서 불 수 없고, 폭우는 하루종일 계속해
서 내릴 수 없으니 하늘과 땅도 또한 오래 계속되지 못하거늘 하물며 인간에
서랴.

---

67) 『道德經』, 26장.
68) 『道德經』 23장.

율곡 풀이

重是本, 輕是末, 可不捨本而趨末. 靜是君, 躁是卒, 徒不可捨君而逐卒徒也.
董氏曰 輞大車也. 君子之道, 以靜重爲主, 不可須臾離也, 如輞車之重, 不敢容
易其行.

雖在繁華富貴之中, 而無所係戀, 常超然自得於物欲之外也. 董氏曰 觀榮在
物, 燕處在己, 惟不以物易己, 故遊觀榮樂, 而無所係著也.

董氏曰 萬乘之尊, 不可縱所欲之私而不顧天下之重也. 君輕則失於臣, 臣躁
則失於君矣. 近取諸身, 則以心爲君, 以氣爲臣. 輕則心妄動而暴其氣, 躁則氣
擾亂而動其心.

董氏曰 狂疾之風急暴之雨, 此陰陽擊搏忽然之變, 故不能久. 自朝至中爲終
朝. 愚按 人有輕躁之病, 則必有急暴之行. 暴怒者 必有後悔以至, 暴富暴貴者
必有後禍, 皆非長久之道也.

무거움은 근본이고 가벼움은 말단이니 근본을 버리고 말단을 쫓아서는
안된다. 고요함은 군주고 조급함은 군졸이니 한갓 군주를 버리고 군졸을
따라서는 안된다. 동사정은 말하기를 "치輞는 큰 짐수레이다. 군자의 도는
고요함과 무거움을 위주로 하여 잠시도 떠날 수가 없는 것이니, 마치 무거
운 짐수레가 쉽게 가지 못하는 것과 같다"고 했다.

비록 번화하고 부귀한 가운데에 있으나 연루되는 바가 없고 항상 초연하
여 저절로 물욕에서 벗어나 있다. 동사정은 말하기를 "영화로움은 물질에
달려 있고, 편안하게 사는 것은 자신에게 달렸으니 오직 물욕으로 자신과
바꾸지 않으므로 노닐고 영화를 즐기는데에도 연루된 것이 없게 된다"고
했다.

동사정은 말하기를 "만승이나 되는 나라의 존귀한 자리에서 사사로운
욕심을 부려서 천하의 중요한 일을 돌아보지 않아서는 안된다. 군주가 경솔
하면 신하를 잃고, 신하가 조급하면 군주를 잃게 된다. 비근한 예를 들어

보면 마음心이 군주이고 기氣가 신하인 것과 같다. 따라서 경솔하면 마음이 막 동요하여 그 기를 포악하게 하고, 조급하면 기가 어지러워 그 마음을 동요시킨다"고 했다.

동사정은 말하기를 "급격히 부는 바람과 폭우 두 가지는 모두 음양의 기가 서로 부딪혀 홀연히 생긴 변화이므로 오래 갈수 없다. 아침부터 점심까지 이르렀다가 다음날 아침 끝나게 된다"고 했다. 내가 생각하건데 사람이 경솔하고 조급한 병통이 있으면 반드시 급하고 포악한 행동을 하게 된다. 갑자기 성을 내는 자는 반드시 후회하게 된다. 갑자기 부귀를 얻은 자는 반드시 나중에 화를 당하니, 모두 장구한(오래가는) 도가 아니다.

右第二十章 言君子主乎靜重而不動於外物, 亦嗇之義也.

제20장은 군자가 고요함과 무거움을 위주로 해서 외물에 동요되지 말아야 함을 말했으니 이 또한 색嗇의 의미이다.

제21장 청정淸靜의 도리

躁勝寒ㅎ고 靜勝熱이어니와 淸靜이 爲天下正이니라.[69]

분주하게 다니면 추위를 이길 수 있고 고요하게 있으면 더위를 이길수 있거니와 청정淸靜만이 천하를 바르게 할 수 있다.

율곡 풀이

董氏曰 動屬陽, 靜屬陰, 故躁勝寒, 靜勝熱 皆未免於一偏也. 淸靜者動靜一致, 故爲天下正. 愚按 淸靜者 泊然無外誘之累, 而動靜皆定者也.

동사정은 말하기를 "동은 양에 속하고, 정은 음에 속한다. 그러므로 분주하게 다니면 추위를 이길 수 있고, 고요하게 있으면 더위를 이기는 것은 모두 한쪽으로 치우친 것을 면치 못했다. 청정은 동정이 일치된 것이므로 천하가 바르게 된다"고 했다. 내가 생각하건데 청정은 담박하여 외물의 유혹에 연루되는 것이 없어서 동정이 모두 정해지는 것이다.

---

69) 『道德經』, 45장.

右第二十一章 固上章躁靜之義, 而言淸靜之正, 恐人之偏於靜也.

제21장은 20장의 조급함과 고요함의 의미를 통하여 청정의 바름을 말했
으니 사람들이 고요함에만 치우칠까 우려한 것이다.

제22장 수양공부의 효용

知者는 不言ㅎ고 言者는 不知니

塞其兌ㅎ며 閉其門ㅎ며

挫其銳ㅎ며 解其分ㅎ며 和其光ㅎ며 同其塵이 是謂玄同이니라.

故로 不可得而親이며 不可得而疏ㅣ며 不可得而利며 不可得而害며 不可得而貴며 不可得而賤이라 故爲天下貴니라.[70]

아는 자는 말하지 않고 말하는 자는 알지 못하니,

정욕의 입을 막고 눈과 귀를 닫으며,

자신의 예리함을 꺾고 갖가지 얽힘을 풀며, 그 빛을 누그러뜨리고 티끌과 함께 하는 것이 현묘하게 도에 합일했다고 하는 것이다.

그러므로 그와 가까이 지낼수도 없고 멀리할 수도 없으며, 이롭게 할 수도 없고 해롭게 할 수도 없으며, 귀하게 할 수도 없고 천하게 할 수도 없다. 따라서 천하에서 존귀한 존재인 것이다.

---

70) 『道德經』 56장.

율곡 풀이

知道者 默而識之[71], 有知輒言, 非知道者也.

兌說也. 塞其兌者, 防窒意慾也. 門口也. 閉其門者, 淵默自守也.

銳英氣也. 挫其銳者, 磨礱英氣, 使無圭角也. 紛衆理之肯綮也. 解其紛者, 明察肯綮迎刃而解也. 和光同塵者, 含蓄德美於中, 而不自耀立異於衆也. 玄妙也. 旣不隨俗習非, 而又非離世絶俗, 故曰玄同.

君子 周而不比[72], 和而不同[73]出處合義, 動靜隨時, 豈世人之私情所能親疎利害貴賤者哉! 其所以然者, 以通乎道, 而無欲故也. 爲天下貴者, 是天爵之良貴也.

도를 아는 사람은 묵묵하게 도를 아니, 알자 마자 말하는 것은 도를 아는 것이 아니다.

태兌는 말하는 것이다. 정욕의 길을 막는 것은 의욕을 막고 누르는 것이다. 문門은 입口이다. 그 문을 닫는 것은 묵묵하게 자신을 지키는 것이다.

예銳는 영명한 기운氣이다. 예리한 것을 무디게 함은 예리한 기운을 갈아서 모난 곳이 없게 하는 것이다. 분紛은 여러 이치의 둘러 쌓임이다. 그 여러 갈래를 푸는 것은 요해처를 잘 밝혀서 자연스럽게 풀어 나가는 것이다. 그 빛을 누그러 트리고 티끌과 함께 한다는 것은 마음속에 덕과 미를 함축하여 스스로 빛나게 하여 뭇사람들과 다르게 내세우는 것이 아니다. 玄은 현묘함이다. 이미 속세의 잘못된 점을 따르지 않으면서도 또한 세상을 등지거나 속세를 떠나지 않으므로 현묘하게 도에 합일했다고 하는 것이다.

군자는 세상사람들과 두루 어울리면서도 파당을 짓지 않고, 뭇사람과 화합하면서도 동의하지 않으며, 벼슬에 나가고 그만둠이 의리와 합하고 동하

---

71) 『論語』 「述而」, 2장 "子曰, 默而識之, 學而不厭, 誨人不倦, 何有於我哉."

72) 『論語』 「爲政」, 14장. "子曰, 君子, 周而不比, 小人, 比而不周."

73) 『論語』 「子路」, 23장. "子曰, 君子, 和而不同, 小人, 同而不和"

고 정함이 때에 맞게 하니 어찌 세상 사람들의 사사로운 정으로 가까이
하고 멀리하며 이득을 주고 해를 주며 귀하게 여기고 천하게 여기는 것과
같겠는가? 그 이유는 도를 통하여 사욕이 없기 때문이다. 천하에서 가장
귀한 존재는 하늘에서 가장 귀한 것을 받았기 때문이다.

　　右第二十二章 承上章而言淸靜自修之功, 而因言其效. 下二章 皆推說其效
也.

　　제22장은 21장을 이어서 청정淸靜과 자신의 수양의 공부를 말하고 그
효용도 말하였다. 아래의 두장은 모두 그 효용을 미루어 말한 것이다.

제23장 천도의 효용

含德之厚는 比於赤子ㅣ니

毒蟲이 不螫ᄒ며 猛獸ㅣ 不據ᄒ며 攫鳥不搏ᄒᄂ니라.[74]

덕을 두텁게 머금은 사람은 갓난애와 같으니 독충은 독을 뿜지 못하고, 난폭한 들짐승은 달려들지 못하며 포악한 날짐승은 채가지 못한다.

율곡 풀이

含懷至德之人, 誠一無僞如赤子之心也.

董氏曰 全天之人物, 無害者.

마음속에 지극한 덕을 머금은 사람은 진실로 어린아이의 마음처럼 한점의 거짓이 없다.

동사정은 말하기를 "하늘의 덕성을 온전히 한 사람과 만물은 해가 없다"고 했다.

---

74) 『道德經』, 55장.

右第二十三章.

이상은 제23장이다.

제24장 온전한 덕성의 효용

蓋聞호니 善攝生者는 陸行不遇兕虎ㅎ며 入軍不被甲兵ㅎ야 兕無所投其角
ㅎ며 虎無所措其爪ㅎ며 兵無所容其刃이니 夫何故오 以其無死地니라.[75]

내가 듣건대 양생을 잘하는 사람은 험한 곳을 다녀도 외뿔소와 호랑이를
만나지 않으며, 전쟁터에 나가더라도 갑옷과 무기는 피하게 된다. 외뿔소는
자기 뿔을 세우고 달려들지 않고 호랑이는 발톱을 드러내지 않으며 적의
병사는 칼날을 휘두르지 않는다. 왜 그러한가? 그는 삶도 죽음도 없는 경지
에 초연하기 때문이다.

율곡 풀이

善攝生者, 全盡生理, 故所遇皆正命, 必無一朝之患也. 或疑聖賢亦有未免禍
患者, 曰此只言其理而已. 若或然之變, 則有未暇論也.

---

75) 『道德經』, 50장.

양생을 잘하는 사람은 생명의 이치를 온전하게 발휘하므로 험한 곳을
다녀도 생명을 보존하며 갑작스러운 환난을 당하지 않는다. 혹자는 성현도
또한 환난을 면하지 못한다고 의심하는데 이것은 다만 그 도리를 말했을
뿐이다. 만일 혹시 그러한 변화라면 논의할 겨를이 없다.

　右第二十四章與前章, 皆申言全德之效, 七章所謂'嗇以事天'者, 其義止此.
제24장과 23장은 모두 온전한 덕성의 효용을 넓혀서 말했으며, 제7장에
서 말한 '아낌으로 하늘을 섬긴다'는 의미에 대한 그 의미는 여기에서 그치
겠다.

제25장 수기修己의 효용

大道ㅣ 汎兮여 其可左右ㅣ니
萬物이 恃之以生而不辭ᄒ며 功成不名有ᄒ니니
是以聖人이 終不爲大라 故能成其大니라.[76]

대도는 지극히 텅 비어 있구나! 그 작용이 왼쪽 오른쪽 어디든지 미치니
만물이 생성되어도 아무런 걸림이 없고, 만물생육의 공로가 이루어져도
그 명예를 곁에 두지 않는다.

따라서 성인은 끝까지 위대하기를 도모하지 않으므로 그 광대함을 이룰
수 있다.

율곡 풀이

○氏曰 汎無滯貌. 惟不麗於一物, 不離乎當處, 無處不有, 無時不然. 是以左
右逢其原也.

---

76) 『도덕경』, 34장.

萬物之資, 始生成莫非此道之流行, 體物不遺, 而不自有其能也.

聖人無我與道爲一, 故雖成如天之事功, 而終無自大之心, 此聖人之所以爲大也.

O씨는 말하기를 "범범은 매이지 않은 모양이다. 오직 한가지 사물에 얽매이지 말아야 마땅히 있어야 할 곳을 떠나지 않으니, 자리해야 할 곳에 있지 않음이 없고, 때에 맞아서 그러하지 않음이 없다. 이것이 좌우 어느곳에서나 그 그윈을 만나게 되는 것이다"라고 하였다.

만물의 바탕이 비로소 생성되어 이 도가 끊임없이 흐르지 않음이 없어 사물을 체인하여 남김이 없으나 스스로 그 능력을 있다고 하지 않는다.

성인은 나에 대한 집착이 없고 도와 한몸이므로 비록 하늘과 같은 공을 이루어도 끝까지 자신이 광대한 일을 했다는 마음이 없으니 이것을 위대하다고 하는 것이다.

右第二十五章 以聖人體道之大爲修己之極, 而起下章治人之說也.

제25장은 성인이 광대한 도를 체득한 것을 수기의 궁극점으로 보았으며, 26장의 남을 다스리는 설과 이어진다.

제26장 치인治人의 공효

善建者는 不拔ᄒ며 善抱者는 不脫이니 子孫以祭祀ㅣ 不輟이니라.

修之於身애 其德乃眞이면 修之家애 其德乃餘ᄒ고 修之鄕애 其德乃長ᄒ고 修之國애 其德乃豊ᄒ고 修之天下애 其德乃普ㅣ니라[77]

마음속에 중심을 잘 세운 것은 뽑히지 않으며 잘 보듬은 사람은 잘 빼앗기지 않아 자손 대대로 제사가 끊이지 않는다.

몸을 닦음에 그 덕이 참되면 집안을 다스려도 그 덕은 여유있게 되고, 마을을 보살피면 그 덕은 장구하게 되고, 나라를 다스리면 그 덕은 풍족하게 되고, 천하를 다스리면 그 덕은 두루 미친다.

율곡 풀이

建中建極是謂善建. 如保赤子是謂善抱. 溫公曰 不拔者, 深根固체藍不可動搖. 不脫者, 民心懷服不可傾奪. 不輟者, 享祚長久是也.

---

[77] 『道德經』, 54장.

眞者, 誠實無妄之謂也. 以眞實之理, 修身推其餘, 以治人家國天下不外乎是而已. 溫公曰 皆循本以治, 末由近以及遠也.

건중建中·건극建極은 세우는 것을 잘 함이다. 예를 들어 어린아이를 잘 안아 주는 것과 같다. 사마온공은 말하기를 "뽑히지 않는 것은 뿌리가 깊고 굳어서 동요되지 않는 것이다. 벗어나지 못하는 것은 백성들이 마음으로 감복하여 빼앗지 못하는 것이다. 그치지 않음은 바로 제사가 오래됨을 말한다"고 했다.

진眞은 성실하고 속임이 없음을 말한다. 진실한 이치대로 자신을 수양하고, 자신에게 여유가 있으면 남과 가정과 국가와 천하를 다스림이 이 이치를 벗어나지 않을 뿐이다. 사마온공은 말하기를 "대개 근본을 쫓아서 말단을 다스리는 것은 가까운 곳에서 시작하여 먼곳에 이르는데 있다"고 했다.

右第二十六章 始言治人之道而推本於修身, 此下六章 皆申此章之義.

제26장은 처음은 남을 다스리는 도리가 수신에 근본한다고 말했으며, 이하 여섯장은 이 장의 의미를 풀이한 것이다.

제27장 성인의 이치

聖人은 不積ᄒ야 旣以爲人이라 己愈有ᄒ며 旣以與人이라 己愈多ㅣ니라.
天之道는 利而不害ᄒ고 聖人之道는 爲而不爭이니라.[78]

성인은 아무것도 저장하지 않아 이미 남을 위하면 자기에게 더욱 많아지고 남에게 그냥 주면 자신에게 한층 풍족해진다.

하늘의 도는 만물을 이롭게 하여 스스로를 상하지 않고, 성인의 도는 남을 위할 뿐 다투지 않는다.

율곡 풀이

聖人以己及人,[79] 己立而立人, 己達而達人, 博施濟衆[80]而於己未嘗有費.

---

78) 『道德經』, 81장.

79) 『論語』 "推己及人"

80) 『論語』 「雍也」, 28장. "子貢曰, 如有博施於民而能濟衆, 何如.....夫仁者, 己欲立而立人, 己欲達而達人."

其仁愈盛而其德愈不孤矣.[81]

　天道只以生物爲心. 故利而不害. 聖人順理而無私, 故有所爲而不爭. 此聖人
所以與天爲徒者也.

　성인은 자신을 미루어 남을 이루어 주게 하며, 자신이 서고자 함에 남을
세워 주며 자신이 통달하고자 함에 남도 통달하게 하며, 은혜를 널리 베풀어
대중을 구제하면서도 자신에게는 결코 사용하는 것이 없다. 어진 행동이
많을 수록 덕성을 지닌 이는 외롭지 않다.

　하늘의 도는 오로지 만물을 생성하는 것으로서 마음을 삼는다. 그러므로
남을 이롭게 해도 상하게 하지 않는다. 성인은 이치를 따라 사사로움이 없기
때문에 남을 위하기만 하고 다투지 않는다. 이것은 성인이 하늘과 함께 하는
무리이기 때문이다.

　右　第二十七章.
　이상은　제27장이다.

---

81)『論語』「里仁」, 25장. “子曰, 德不孤, 必有隣.”

제28장 성인의 사표

善行은 無轍迹ㅎ고 善言은 無瑕謫ㅎ고 善計는 不用籌策ㅎㄴ니

是以聖人은 常善求人이라 故無棄人ㅎ며 常善救物이라 故無棄物ㅎ니 是謂襲明이니라.

故善人은 不善人之師ㅣ오 不善人者은 善人之資ㅣ니라.[82]

행동을 잘하는 사람은 혼적을 남기지 않고, 말을 잘하는 사람은 남을 힐책하지 않고, 계획을 잘하는 사람은 산가지(주역 점)를 사용하지 않는다.

따라서 성인은 항상 사람을 잘 구휼하므로 어느 누구도 버리지 않고 늘 어떤 일도 잘 치르는 까닭에 어느 하나도 버리지 않으니 이것을 본래의 밝음을 잇는다고 하는 것이다.

그래서 착한 사람은 착하지 못한 사람의 스승이요, 착하지 못한 사람은 착한 사람의 자료가 된다.

---

82) 『도덕경』, 27장.

율곡 풀이

從容中道而無跡可見, 發言爲法而無瑕可指, 不思而得而泛應曲當, 此聖人之事也.

有敎無類, 而人無不容, 物無不化. 以先知覺後知, 以先覺覺後覺. 故其明傅襲無窮也.

因其不善而敎之使善, 則我之仁愈大而施愈博矣, 此之謂善人之資也. 夫善者吾與之不善者吾敎之, 則天下歸吾仁矣. 民吾同胞物吾與也之義於此可見矣.

행동이 조용하고 도리에 합당하여 볼 수 있는 흔적이 없으며, 말을 하면 법도에 맞아서 지적할 만한 허물이 없으며, 생각하지 않아도 도리에 맞고 온갖 일에 널리 관여하면서 세심하게 응대하는 이것이 모두 성인이 하는 일이다.

가름침에는 차별이 없어서 어떤 사람이던지 받아 들이지 못하는 것이 없고, 어떤 사물이던지 교화시키지 못하는 것이 없다. 먼저 안 사람은 후에 안 사람을 깨우쳐 주고, 먼저 깨달은 사람이 뒤에 깨달은 사람을 깨닫게 해준다. 그러므로 그 밝은 덕성이 끊임없이 전해진다고 하는 것이다.

착하지 못한 점을 통해 착하게 되도록 가르치면 자신의 어진덕이 더욱 커지고 더욱 널리 베풀게 되는 것이니, 이것이 착한 사람의 자료가 된다고 하는 것이다. 착한 내가 착하지 못한 자를 도와서 가르치면 천하가 나의 어진 덕으로 돌아 온다. 따라서 백성은 나의 동포요, 만물과 내가 한몸이라 는 뜻을 여기서 볼 수 있다.

右 第二十八章, 言聖人有善行善言善計, 故能化不善之人. 下章同此.

제28장은 성인을 행동을 잘하고 말을 잘하고 사려가 깊으므로 착하지 못한 사람을 교화시킬수 있다는 것을 말했다. 아랫장도 이와 같다.

제29장 성인의 덕성

聖人은 無常心ᄒ야 以百姓心爲心ᄒ니니

善者를 吾善之ᄒ며 不善者를 吾亦善之면 德善이오 信者를 吾信之ᄒ며 不信者를 吾亦信之면 德信이니라.83)

성인은 추호도 고집하려는 마음이 없어서 백성의 마음을 자기 마음으로 삼는다.

착하게 행동하는 이를 선하다고 하고 착하지 않은 이도 선하다고 하면 그를 덕으로써 착해지는 것이다. 참한 사람을 보면 참되다고 하고 참되지 못한자도 참되다고 한다면 덕으로 참되게 되는 것이다.

율곡 풀이

聖人於天下無一毫私心, 只因民心而已.

人之有生同具此理. 聖人之於民莫不欲其善信. 故善信者, 吾旣許之, 不善不

---

83)『道德經』, 49장.

信者, 亦必敎之以善信爲期. 若棄而不敎, 則非所謂德善德信也. 宋徽宗 曰舜
之於衆所以善信者至矣.

성인은 천하에 대해 조금도 사사로운 마음이 없었으며 다만 백성의 마음
만 헤아렸을 뿐이다.

사람은 태어나면서 모두 이러한 이치를 지닌다. 성인은 백성에 대해 착하
고 참되기를 바란다. 그러므로 착하고 참된자에게는 이미 그렇게 허여하겠
지만, 착하지 않고 참되지 않은 자들도 가르쳐서 착하고 참되도록 기약하게
해야 한다. 만일 이들을 포기하고 가르치지 않으면 이른바 덕으로 착해지고
덕으로 참되게 되는 것이 아니다. 송나라 휘종은 '순임금이야말로 백성에
대해 착하고 참되게 한 것이 지극하다'고 하였다.

右第二十九章.
제29장이다.

제30장 성인의 무사無事

將欲取天下而爲之면 吾見其不得已로다 天下는 神器라 不可爲也 ㅣ니 爲
者敗之ㅎ며 執者失之니라

故物이 或行或隨ㅎ며 或煦或吹ㅎ며 或强或羸ㅎ며 或載或隳ㅎ느니

是以聖人은 去甚去奢去泰니라.84)

장차 천하를 취하기 위해 일을 도모하면 그것은 어쩔수 없는 것임을 알게
된다. 천하는 신묘한 그릇으로 가히 취할수가 없으니 그럼에도 감행하는
자는 거꾸로 당하게 되고 설령 얻게 되더라도 자기의 소유로 집착하면 잃게
마련이다.

따라서 사물은 나아가기도 하고 처지기도 하고 때로는 따뜻하기도 하고
차갑기도 하고 혹 강하기도 하고 약하기도 하며 간혹 바르게 이루어지기도
하고 무너져 내리기도 하니

그러므로 성인은 지나치지 않고 과욕을 부리지도 않고 교만을 부리지도
않는다.

---

84) 『도덕경』, 29장.

율곡 풀이

天下乃神明之器也. 帝王之興自有曆數, 不可有必於取天下也. 欲爲天下者, 必敗. 欲執天下者, 必失矣. 三代以上聖帝明王, 皆修身盡道, 而天下歸之, 非有心於天下者也. 後之帝王或有有心於天下, 而得之者此亦有天命存焉, 非專以智力求也.

董氏曰 煦暖也. 吹寒也. 强盛也. 羸弱也. 載成也. 隳壞也. 有爲之物, 必屬對待 消息 盈虛 相推不已.

去除也. 聖人之治天下, 因其勢而利導之, 因其材而篤焉, 只去其已心者耳. 所謂裁成天地之道, 輔相天地之宜, 以左右民者也.

천하는 곧 신명이 기틀이다. 제왕의 흥기는 나름의 정해진 력수曆數가 있으니 반드시 천하를 얻으려는 마음을 두어서는 안된다. 천하를 다스리려고 하는 자는 반드시 천하를 해치고, 굳게 지키려는 자는 반드시 천하를 잃는다. 하은주 삼대 이전의 현명한 제왕들은 모두 자기를 닦고 해야 할 도리를 다하여 천하인들이 모두 그에게 귀의한 것이지, 애당초 천하에 마음을 두었던 것은 아니다. 후대의 제왕이나 천하에 뜻을 두어 천하를 얻었던 자들에게도 천명이 있었으니 오로지 지력으로만 구했던 것은 아니다.

동사정은 말하기를 "后煦는 따뜻하다는 의미이다. 취吹는 춥다는 의미이다. 강강은 강성한 모양이고, 리羸는 약한 의미이다. 재載는 이룬다는 의미이고, 휴隳는 무너진다는 의미이다. 인위가 있는 것은 반드시 서로 상반되는 양면적 속성이 있어서 사라졌다가 생겨나고 찼다가도 텅 비고 하는 변화가 끊임없이 계속된다"고 했다.

거去는 제거함이다. 성인이 천하를 다스릴 때는 일의 자연스러운 추세에 따라서 이롭게 인도하고, 능력에 따라서 돈독하게 하여 다만 지나친 것을 버릴 뿐이다. 이른바 '천지만물의 도를 조화롭게 이루어 주고, 천지만물의 생성을 마땅하게 도와줌으로써 백성을 보살핀다'85)는 의미이다.

右 第三十章, 言以無事爲天下也.

제30장은 무사無事로 천하를 다스림을 말하였다.

---

85)『易』泰卦 象辭.

제31장 무위無爲의 감화

以正治國ᄒ고 以奇用兵ᄒ고 以無事取天下ᄒ느니라.

天下애 多忌諱ᄒ면 而民彌貧ᄒ고 人多利器ᄒ면 國家滋昏ᄒ고 人多伎巧ᄒ면 奇物滋起ᄒ고 法令滋彰ᄒ면 盜賊多有ᄒ느니라.

故로 聖人云ᄒ샤디 我無爲而民自化ᄒ며 我無事而民自富ᄒ며 我好靜而民自正ᄒ며 我無欲而民自樸이라ᄒ시니라.86)

其政悶悶ᄒ면 其民淳淳ᄒ고

其政察察ᄒ면 其民缺缺이니라.

禍兮福所倚오 福兮禍之所伏이니 孰知其極이리오.87)

바른 길로써 나라를 다스리고, 기이한 계책으로 군대를 부리고, 아무 일없이 천하를 얻는다.

천하에 금기가 많아지면 백성은 더욱 가난해지고, 백성에게 문명의 이기가 늘어나면 국가는 한층 어지러워지고, 사람에게 기이한 계책이 많아지면 괴이한 일이 자주 일어나고, 법령이 한층 자세해지면 도적은 더욱 들끓는다.

---

86) 『道德經』, 57장.

87) 『道德經』, 58장.

그러므로 성인은 말하기를 내가 아무것도 하지 않자 백성은 저절로 교화를 입게 되고, 내가 아무 일도 하지 않자 백성은 자연히 풍요를 구가하게 되고, 내가 고요함을 즐기자 저절로 바르게 되며, 내게 추호의 욕심도 없자 백성은 본래대로 순박하게 된다.

정사를 관대하고 어질게 하면 백성은 순박하고,

정사를 빈틈없이 하면 백성은 부족함을 느낀다.

재앙에는 복이 깃들어 있고 복에는 재앙이 잠복해 있다. 어느 누가 그 끝을 알겠는가?

율곡 풀이

蘇氏曰 古之聖人, 柔遠能邇, 無意於用兵. 惟不得已然後, 有征伐之事, 故以治國爲正, 以用兵爲奇. 夫天下神器, 不可爲也. 是以體道者, 無心於取天下, 而天下歸之矣. 愚按成湯, 非富天下, 爲匹夫匹婦復讐, 而東征, 西怨是也.

蘇氏曰 人主多忌諱, 下情不上達則民貧困而無告矣. 利器權謀也. 上下相欺以智則民多權謀, 而上益眩而昏矣. 奇物奇怪異物也. 人不敦本業而趨末伎, 則非常無益之物作矣. 患人之詐僞, 而多出法令以勝之民無所措手足, 則日入於盜賊矣.

董氏曰 此自然之應而無爲之成功也.

悶悶寬仁不察之象也. 董氏曰 爲政以德, 則不察察於齊民, 以俗觀之若不事於事. 然民實感自然之化, 乃所以爲淳和之至治也.

董氏曰 不知修德爲本而專尙才智, 欲以刑政齊民, 則必有所傷故缺缺也.

一治一亂氣化盛衰人事得失, 反復相因, 莫知所止極. 而惟無爲者能治也.

소철이 말하기를 "옛 성인들은 멀리 있는 지방을 유화시키고 가까운 곳은 잘 다스려 전쟁에는 뜻이 없었다. 오직 어쩔 수 없는 경우에만 정벌한 일이 있었으므로 나라를 다스림에 올바르게 하였고, 전쟁은 기묘한 기술로 하였다. 천하는 신묘한 기틀이어서 인위로 다스릴 수 없다. 따라서 도를 체득한 사람은 천하를 얻으려는 마음이 없는데도 천하인들이 모두 그에게로 향한다"고 했다. 내가 생각하건데 탕湯임금은 천하를 부유하게 하기 위해서가 아니라 필부의 복수를 위해 동쪽으로 정벌을 나가니, 서쪽 지역 사람들이 자신들을 구하러 와주지 않는다고 원망했다는 것이 바로 이 경우이다.

소철이 말하기를 "군주가 금지하는 것이 많으면 백성의 실정이 위에까지 이르지 못하니 백성은 빈곤해도 하소연할 곳이 없다. 이기利器는 권모술수이다. 위와 아래가 모두 계략으로 서로를 속이면 백성은 권모술수가 많아지고 윗 사람들은 더욱 현혹되어 어두워진다. 기물은 기이한 물건이다. 사람들이 본업을 독실하게 하지 않고 말단적인 지엽만 추구하면 유익하지 못한 것들만 만들어진다. 사람들의 속임수를 걱정하여 지나치게 법령을 만들어 억누르면 백성들은 어떻게 처신할 바를 몰라 날로 도적이 되어 간다"고 했다.

동사정은 말하기를 "이것은 자연스러운 감응이며 무위가 이루는 공효이다"라고 하였다.

민민悶悶은 관대하고 어질어 세심하게 살피지 않는 모습이다. 동사정은 말하기를 "덕으로 정치를 하면 백성을 다스림에 빈틈이 생기니 세속적인 견지에서 보면 하는 일이 그다지 없는 것 같다. 그러나 백성은 실제로 자연히 감화되는 것이니 이것이 바로 순박하고 조화로운 지극한 다스림이다"라고 하였다.

동사정은 말하기를 덕을 닦는 일이 근본임을 모르고 오로지 재지만을 숭상하고, 형벌로써 백성을 다스리려고 한다면 반드시 민심을 다치게 되므로 부족해하는 것이다.

세상이 한번 다스려지고 한번 혼란함과 기화氣化의 성쇠와 인간사의 득실이 모두 반복하고 순환되니 아무도 그 끝을 모른다. 오직 무위해야 잘 다스릴 수 있는 것이다.

右 第三十一章, 承上章而言無爲之化也.

제31장은 30장을 이어서 무위의 감화에 대해 말하였다.

제32장 무위의 의미

不言之教와 無爲之益은 天下希及之니라.[88]
말없는 가르침과 무위의 유익함은 천하의 어느 누구도 당할 자가 없다.

율곡 풀이

聖人 不言而體道, 無隱與天象昭然, 常以示人, 此謂不言之教也. 無所作爲
物各付物而萬物各得其所, 此謂無爲之益也.

성인은 말을 하지 않아도 도를 체인했으므로 숨김이 없고 하늘의 별자리
처럼 밝아서 항상 사람들에게 내보이니 이것을 말이 없는 가르침이라고
한다. 작위하는 바가 없이 각기 부여받은대로 해야 할 바를 하면 이것이
바로 무위의 유익함이다.

---

88) 『도덕경』, 43장.

右第三十二章 申上章無爲之義而結之. 夫以無爲治人亦嗇之義也. 推說二十六章之義者止此.

제32장은 31장의 무위의 의미를 풀이하고 매듭지은 것이다. 무위로써 사람을 다스리는 것 역시 색嗇의 의미이다. 26장의 의미에 대한 해석은 여기서 그치겠다.

제33장 치인의 도道

以道佐人主者는 不以兵强天下ᄒᆞ니 其事好還ᄋᆞ이라 師之所處애 莉자
생焉ᄒᆞ며 大軍之後애 必有凶年이니라.

故善者는 果而已오 不敢以取强ᄒᆞᄂᆞ니

果而勿矜ᄒᆞ며 果而勿伐ᄒᆞ며 果而勿驕ᄒᆞ며 果而不得已니 是果而勿强이니
라.

物壯則老ㅣ라 是謂不道ㅣ니 不道는 무已니라.[89]

도로써 군주를 보조하는 사람은 무력으로 천하를 강점 하지 않으니 그
무력은 돌아 오기 마련이다. 군대가 머무는 곳은 황폐하게 되고 대군이 떠난
뒤에는 반드시 흉년이 든다.

그러므로 정치를 잘하는 사람은 결과를 이룰 뿐이지 감히 강하려고 하지
않는다.

일을 이루면 자기의 능력을 과시하지 말며, 일을 성취하면 자신의 공적을
드러내지도 말며, 일을 마쳤다고 스스로 교만하지도 말며, 부득이한 흐름에
따른 듯하니 일을 마쳤으면서도 강함을 드러내지 않는 것이다.

---

89) 『道德經』, 30장.

　모든 것은 강하면 쉽사리 늙게 마련이다. 이것을 도에 어긋난다고 하는데 도에서 벗어나면 일찍 사라질 뿐이다.

율곡 풀이

　宋徽宗曰　孟子所謂反乎爾者. 下奪民力故荊棘生焉, 上干和氣故有凶年.

　董氏曰　兵固有道者之所不取. 然天生五材亦不可去, 譬水火焉在乎善用. 惟以止暴濟難, 則果決於理而已. 何敢取强於天下哉.

　董氏曰　果以理勝, 强以力勝. 惟果則有必克之勢. 初非恃力好戰. 故臨事而懼, 好謀而成不得已後應之勿强而已.

　董氏曰　物壯極則老, 兵强極則敗, 皆非合道宜早知止. 此章 謂輔相以道, 則人心愛戴, 而用兵爭强不足服人.

　송휘종이 말하기를 "맹자가 말한 '네게서 나온 것은 네게로 돌아간다'는 의미이다. 아래로 백성의 힘을 뺏으므로 논밭이 황폐해지고, 위로는 하늘의 조화로운 기가 없어져서 흉년이 든다"고 했다.

　동사정은 말하기를 "무력은 본래 도를 지닌 사람은 쓰지 않는다"고 했다. 그러나 천연의 오재五材는 버릴 수 없으니, 예를 들어 물과 불처럼 잘 사용하느냐에 달렸다. 오직 폭력을 막고 재난을 구제하면 이치에 따라 그 성과를 거둘 뿐이다. 그러니 어찌 감히 천하에 강함을 드러내려고 하겠는가?

　동사정은 말하기를 "성과만을 구함은 도리로 이기는 것이며, 강함을 드러냄은 힘으로 이기는 것이다. 성과만을 이루려고 하면 반드시 이길수 밖에 없는 형세가 조성된다. 애초에 힘을 믿고 전쟁을 좋아한 것이 아니었다. 그러므로 일에 임해서는 조심하고, 도모를 잘해서 일을 이루며, 어쩔수 없어서 응할 뿐이지 강하려고 하지 않는다"고 했다.

　동사정은 말하기를 "만물의 강성함이 극에 이르면 쇠락하고 군대의 강함이 극에 이르면 패배하게 되니, 모두 도에 맞지 않기 때문임을 알아 일찌감치 그칠줄 알아야 한다. 이 장은 도로써 도우면 사람들이 추대하고 싶어하며, 그러나 무력으로 강함을 다투는 것은 사람들의 마음을 굴복시키기에 부족하다는 것을 말했다.

右第三十三章上章 旣盡治人之說. 而兵亦有國之勢不能去者, 故言用兵之道宜果, 而不務强且宜早知止. 下章亦同.

제33장과 32장은 이미 사람들을 다스리는 도리를 모두 언급했다. 또한 국가의 형세상 무력을 없앨 수가 없으므로, 용병의 도리로서 성과를 얻으나 강함을 드러내기 위해 애쓰지 말아야 하며, 일찍 그칠줄 알아야 한다는 것을 말했다. 아랫장도 이와 같다.

제34장 치인의 도道

夫佳兵은 不祥之器라 物或惡之ᄒᆞ니 故有道者不處ㅣ니라.

君子ㅣ 居則貴左ᄒᆞ고 用兵則貴右ᄒᆞ니

兵者는 不祥之器라 非君子之器니 不得已而用之인댄 活惔이 爲上이니 勝
而不美니라.

而美之者는 是樂殺人이니 夫樂殺人者는 不可得志於天下ㅣ니라.90)

예리한 병기는 상서로운 물건이 아니므로 세상사람 모두 싫어하니, 그래
서 도를 지닌 사람은 그것을 사용하지 않는다.

군자는 평상시에 왼쪽을 귀하게 여기고 무기를 사용할 때는 오른쪽을
중시하나니,

병기는 상서롭지 못한 도구이므로 군자가 쓸 것이 못되니,

어쩔수 없어서 쓴다면 마음을 평안하게 가지는 것이 가장 좋으며, 이겨도
통쾌하게 여기지 않는다.

그런데 승리를 즐기는 것은 사람을 죽이는 것을 즐기는 자이니, 살생을
즐기는 자는 천하애 자신의 뜻을 얻을 수 없다.

---

90) 『道德經』, 31장.

율곡 풀이

董氏曰 佳兵者用兵之善者也. 兵終爲凶器, 惟以之濟難, 而不以爲常故不處
心於此也. 愚按 孟子曰 善戰者服上刑, 亦此意也.

董氏曰 左委陽, 陽好生. 右爲陰陰主殺.

勝而不美, 雖勝戰而不以爲美也. 董氏曰 惔安也. 好生惡殺而無心於勝物也.

勝戰而以爲美者, 是嗜殺者也. 孟子曰 不圻殺人者能一之, 亦此意也.

동사정은 말하기를 "가병佳兵은 병기를 잘 사용하는 것이다. 병기는 끝내
흉기가 되니 오직 위급한 재난을 구제하기 위해 사용할 뿐이지 항상 사용하
지 않으므로 여기에 마음을 두지 않는다"고 했다. 맹자가 '전쟁을 잘하는
사람은 극형을 받아야 한다'[91]고 했으니 바로 이 의미일 것이다.

동사정은 말하기를 "왼쪽은 양이며 양은 살리기를 좋아한다. 오른쪽은
음이며 음은 죽이는 것을 주관한다"고 했다.

승이불미勝而不美는 전쟁에 이겼어도 승리를 즐기지 않는 것이다. 동사
정은 말하기를 "담은 평안함이다. 살리는 것을 좋아하고 죽이는 것을 싫어
하며, 상대를 이기는데 마음을 두지 않는다"고 했다.

싸움에서 이겼다고 대단하게 생각하는 자는 사람을 죽이는 것을 즐기는
자이다. 맹자는 '사람을 죽이는 것을 즐기지 않는 자는 천하를 통일할 수
있다'[92]고 했으니 역시 이와 같은 의미이다.

右第三十四章.

이상은 제34장이다.

---

91) 『孟子』「離婁」上.

92) 『孟子』「양혜왕」上.

제35장 왕도王道의 효용

以道莅天下ㅣ면 其鬼不神ᄒᄂ니 非其鬼不神이라 其神이 不傷民이오 非
其神不傷民이라 聖人이 亦不傷民이니 夫兩不相傷이라 德交歸焉이니라.[93)]
　도로써 세상에 임하면 귀신이 영력을 부리지 못하니, 귀신이 영력을 부리
지 못할 뿐만 아니라 백성들을 해치지 못한다. 귀신이 백성을 해치지 못할
뿐만 아니라 성인도 백성을 해치지 않으니, 이들이 백성을 해치지 않으므로
귀신과 성인의 은덕이 백성에게로 돌아간다.

율곡 풀이

　聖人之治天下, 人神各得其道, 陰陽和而萬物理, 無有邪氣干其間, 故鬼神無
眩怪之變. 此謂其鬼不神也, 豈有鬼怪傷民者乎. 聖人之治, 不傷於民, 故人神
胥悅衆, 德交歸如此. 列子曰 物無疵癘鬼無靈響 是也. 朱子曰 若是王道修明,
則不正之氣都消鑠了. 愚按 後世崇尙佛老, 廣張淫祀, 寺觀相望, 必欲使其鬼

---

93) 『道德經』, 60장.

有神, 眞此書之罪人也. 治世者旣不能禁, 又從而惑之豈不悖哉!

　　성인이 세상을 다스리면 사람과 귀신이 모두 도를 회복하여 음양의 기가 조화롭고, 만물이 조리에 맞으면 간사한 기운이 끼어들지 못하므로 미혹되거나 괴이한 귀신의 변고가 없다. 이것이 바로 귀신이 영력을 부리지 못한다는 의미이니, 어떻게 백성을 해치는 괴이한 귀신이 있겠는가? 성인의 다스림은 백성을 해치지 않으므로 사람과 귀신이 백성을 즐겁게 하며, 귀신과 성인의 은덕이 백성에게로 돌아간다. 열자가 '사물에 흠이 나서 병이 없고 귀신이 영력을 부리지 않는다'고 한 것이 바로 이 의미이다. 주자는 '이처럼 왕도가 밝게 시행되면 바르지 못한 기가 모두 소멸된다'고 하였다. 내가 생각하건데 후세인들이 불가나 노장을 숭상하여 음란한 제사를 확장하고 寺 觀이 늘어서서 귀신이 영력을 부리게 했으니, 진실로 이 책이 사람들에게 지은 죄가 크도다. 세상을 다스리는 자가 이미 금지시키지 못하고 또한 그것을 따라서 미혹되니 어찌 어그러지지 않겠는가!

　　右第三十五章 言王道之效至於人神各得其所. 七章所謂嗇以治人者其義止此.
　　제35장은 왕도의 효용이 사람과 귀신으로 하여금 각기 제할 바를 할수 있게 하는데까지 이르렀음을 말했다. 7장의 아낌嗇으로 사람을 다스린다는 의미이니 그 해석은 여기서 그치겠다.

제36장 심사숙고深思熟考

合抱之木이 生於毫末ᄒ며 九層之臺ㅣ 起於累土ᄒ며 千里之行이 始於足下ᄒ니니[94]

圖難於其易ᄒ며 爲大於其細니 天下難事ㅣ 必作於易ᄒ며 天下大事ㅣ 必作於細니라.

夫輕諾이면 必寡信ᄒ고 多易면 必多難이니

是以聖人은 猶難之라 故終無難이니라.[95]

其安은 易持며 其未兆는 易謀ㅣ며 其脆는 易破ㅣ며 其微는 易散이니 爲之於未有ᄒ며 治之於未亂이라[96]

아름드리 큰 나무도 털끝같은 싹에서 자라며, 구층의 높은 누대도 한줌 흙에서 비롯되며, 천리의 먼길도 한걸음을 떼는데서 시작되니,

사정이 용이할때 어려운 일을 도모하며 일이 사소할 때 큰 일을 한다. 천하의 어려운 일은 반드시 쉬운 일에서 일어나고, 천하의 큰 일은 반드시

---

94) 『道德經』, 64장.

95) 『道德經』, 63장.

96) 『道德經』, 64장.

사소한 일에서 비롯된다.

가볍게 응답하면 필시 미덥지 못하고, 일을 지나치게 쉽게 여기면 반드시 어려움이 많아진다.

따라서 성인은 오히려 모든 일을 어렵게 여기므로 결코 어려움이 없게 된다.

평안한 마음은 유지하기가 쉽고, 조짐이 드러나지 않는 것은 도모하기가 쉽고, 무른 것은 쉽게 부서지고, 미미한 것은 쉽게 흩어지니, 일이 생기기 전에 힘쓰며 어지러워지기 전에 다스려야 한다.

율곡 풀이

此說喩言, 凡大事必始於微細也.

善惡皆由積漸而成. 若以細事爲微, 而忽之以易事爲無傷而不愼, 則細必成大, 易必成難, 言當愼之於始而慮其所終也.

不愼於始則後必有悔.

聖人於易事猶難愼, 故終無難濟之事也.

凡事愼始則終必無患. 在修己則爲不遠而復, 在爲國則爲迨天未兩綢繆牖之意..

여기서는 비유를 들어 모든 큰 일은 반드시 사소한 일에서 비롯된다는 것을 말했다.

선과 악은 모두 조금씩 쌓여서 이루어진다. 만일 사소한 일이라고 소홀히 여기고 쉬운 일이라고 해가 없다고 조심하지 않으면 사소한 일은 반드시 커져 버리고 쉬운 일은 반드시 어려워지니, 첫 시작을 신중하게 하고 그 마지막을 고려해야 한다는 점을 말했다.

시작을 신중하게 하지 않으면 나중에 반드시 후회하게 된다.

성인은 쉬운일에도 오히려 어려워하고 신중하므로 처음부터 끝까지 이루지 못하는 일이 없다.

모든 일에 시작을 신중하게 하면 내내 걱정이 없다. 자기를 닦는 경우에는
머지 않아 도를 회복하게 된다는 것이며, 나라를 다스리는 경우에는 미리미
리 예비해 두어야 한다는 의미이다.

右第三十六章 言愼始善終之意, 以盡修己治人之道, 蓋足其未足之義也.

제36장은 시작을 신중하게 하고 끝맺음을 잘해야 한다는 의미를 말함으
로써 자기를 닦고 남을 다스리는 도리를 완전하게 하였으니 대개 부족한
곳을 채운다는 의미이다.

제37장 인과응보因果應報

勇於敢則殺이오 勇於不敢則活이로디 此兩者ㅣ 或利或害ㅎ니니 天之所惡를 孰知其故ㅣ리오 是以聖人이니 猶難之니라.

天之道는 不爭而善勝ㅎ며

不言而善應ㅎ며

不召而自來ㅎ니

天網恢恢ㅎ야 疏而不失ㅎ니니라.[97]

民不畏威면 則大威至ㅎ니니라.[98]

무모하게 감행하려고 하면 죽게 되고, 감히 하려고 하지 않으면서 용감하면 살게 되지만, 간혹 강한 자가 이롭고 약한 자가 해를 입으니, 하늘이 미워하는 것을 누가 능히 알겠는가? 따라서 성인은 더욱 어렵다고 여긴다.

하늘의 도는 강함을 다투지 않아도 잘 이기며,

말을 하지 않아도 잘 응하며,

부르지 않아도 저절로 모여 드니,

---

97) 『道德經』, 73장.

98) 『道德經』, 72장.

하늘의 그물은 광대무변하여 성글지만 어느 하나도 놓치지 않는다.
백성이 위세를 두려워 하지 않으면 정말 무시무시한 위세가 닥치게 된다.

율곡 풀이

剛强者死之徒, 柔弱者生之徒是常理也. 或有時而反常强利弱害, 則天之所
惡難堯其. 故聖人猶難言也. 雖然要其終則未始少失. 故下文歷陳之.

溫公曰 任物自然而物莫能違.

董氏曰 天何言哉. 四時行焉, 其於福善禍淫之應, 信不差矣.

董氏曰 神之格思本無向背, 如署往則寒來. 夫豈召而後至哉.

董氏曰 要終盡變然後, 知其雖廣大而微細不遺也.

民當畏威如疾, 若不畏滅則必有可畏之大威至矣. 不可以天道爲無知也.

강한 사람은 죽음의 길을 가는 자들이고 유약한 사람은 생명의 길을 가는
자들이니 이것은 변함이 없는 이치이다. 간혹 이 도리와 반대로 강한 자가
이익을 얻고 약한 자가 해를 입는다면 하늘이 싫어하는 것에 대해 그 이유를
알기가 어렵다. 그래서 성인도 이에 대해 말하기 어려워 한다. 그러나 결과
를 잘 고려하면 처음부터 잘못이 적어진다. 그러므로 아래에서 이에 대한
의미를 하나하나 들어 보았다.

사마온공은 말하기를 "만물의 자연스러운 상태에 맡기므로 이를 이길
것이 없다"고 했다.

동사정은 말하기를 "하늘이 무슨 말을 하는가? 사계절이 자연적으로 운행
되며, 선한 사람에게 복을 주고 사악한 사람에게 재앙을 내리는 하늘의 감응
은 진실로 어김이 없다"고 했다.

동사정은 말하기를 "신神의 사려는 원래 일정한 방향이 없으니 마치 더위
가 가면 추위가 오는 것과 같다. 어찌 불러서 이르는 것이겠는가?"라고 했다.

동사정은 말하기를 "끝을 고려하고 온갖 변화를 다 포용한 뒤에는 하늘이
아무리 넓어도 조그만 것도 버리지 않는다는 것을 알 수 있다"고 했다.

백성은 질병처럼 통치자의 위세를 두려워 해야 하는데 만일 그들이 두려
워 하지 않으면 반드시 진정 두려운 백성의 반항이 이르니 하늘의 도가
아무것도 모른다고 여겨서는 안된다.

右第三十七章 言天道福善禍淫之理, 以爲戒下章同此.

제37장은 하늘의 도는 선한 사람에게 복을 주고 음란한 사람에게 재앙을
내린다는 이치를 말해 사람들에게 경계를 준다. 아랫장도 이와 같다.

제38장 천도天道

天之道ㅣ 其猶張弓인뎌 高者抑之ㅎ고 下者擧之ㅎ며 有餘者損之ㅎ고 不足者與之ㅎㄴ니 天之道는 損有餘而補不足이니라.[99]

天道無親ㅎ야 常與善人ㅎㄴ니라.[100]

하늘의 도는 마치 활시위를 팽팽하게 하는 것과 같다고 할까. 시위가 높으면 낮추고 낮으면 높이고, 줄이 길면 줄이고 짧으면 길게 하니, 하늘의 도는 남는 것을 덜고 부족한 것을 보태주는 것이다.

하늘의 도는 친한 것이 따로 없어 항상 착한 사람을 돕는다.

율곡 풀이

董氏曰 天道無私常適乎中, 故滿招損, 謙受益, 時乃天道.

書曰 皇天無親, 克敬惟親, 卽此意也.

---

99) 『道德經』, 77장.

100) 『道德經』, 79장.

동사정은 말하기를 "하늘의 도는 사심이 없고, 항상 중도에 알맞게 처한다. 그러므로 교만하면 손실을 부르고 겸허하면 이익을 얻으니 이것이 바로 하늘의 도이다"라고 했다.

상서에 '황천은 사사롭게 친애하지 않고 공경하는 자만을 친애한다'[101]는 말이 이 의미이다.

右第三十八章與上章 皆言天道. 而天道虧盈益兼而已, 亦不出嗇之義也.

제38장과 37장은 모두 하늘의 도에 대해 말했다. 하늘의 도는 교만한 자에게는 손해를 주고 겸손한 자에게는 이익을 줄 따름이니 이 또한 색嗇의 의미를 벗어나지 않는다.

제39장 도의 실현

吾言이 甚易知며 甚易行이로디 而天下ㅣ 莫能知ㅎ며 莫能行ㅎ니

言有宗이오 事有君이어늘

夫唯無知라 是以不我知니라.

知我者希ㅎ며 則我者貴니

是以聖人은 被褐懷玉이니라.[102]

내 말은 알기가 아주 쉬우며 행하기도 쉽지만, 어느 누구도 알지 못하고 행하지 못하니,

내 말에는 핵심이 있으며, 내가 하는 일은 중심이 있거늘

단지 아무것도 모르기 때문에 나를 알지 못한다.

나를 아는 자가 드물며, 나를 본받는 자는 고귀하니

따라서 성인은 거친 베옷을 입고 있지만 가슴 속에는 진귀한 보물을 품고 있다.

---

102) 『道德經』, 70장.

율곡 풀이

性本固有道不遠人指此示人宜. 若易知易行而賢智過之, 愚不肖不及, 所以
莫能知莫能行也.

言以明道事以行道隨言隨事各有天然自有之中, 乃所謂至善而言之宗也事
之君也.

衆人於道, 無識見故終莫我知也.

溫公曰 道大故知者鮮也.

內蘊至德, 而不求人知, 如被褐衣, 而懷寶玉也.

사람은 고유한 본성을 지니니 도가 원래 사람과 멀리 있는 것이 아님을
사람들에게 알려 주는 것이다. 만일 알기 쉽고 행하기 쉬우나 현인과 지식인
은 능력이 너무 지나치고, 어리석은 사람은 능력이 미치지 못하기 때문에
알 수 있고 행할 수 있는 사람이 없다.

말을 할때는 도를 분명히 이해하고 일을 할 때는 도를 행하여 말과 행동이
모두 무위자연인 하늘의 도와 일치하니 이른바 지극히 선하여 근원인 핵심
이 있고 중심이 있다.

일반 사람들은 도에 대해 아는 것이 없으므로 시종 나를 이해하지 못한다.

사마온공은 말하기를 "도가 크므로 아는 자가 드물다"고 했다.

마음 속에 지극한 덕성이 깃들어 있으나 남이 알아주길 구하지 않으니
마치 거친 베옷을 걸치고 있으나 가슴속에 보물을 품고 있는 것과 같다.

右第三十九章 歎人之莫知, 而悼道之難行, 是終篇惓惓爲人之意也.

제39장은 도를 아는 사람이 없다는 것을 탄식하고, 도의 실행이 어려움을
슬퍼하니 이것은 마지막으로 성심으로 남을 위하는 마음을 말한 것이다.

제40장 순성지도順性之道

大道ㅣ 甚夷어늘 而民이 好徑ᄒᆞ니라.[103]
대도는 매우 넓고 평탄하거늘 백성들은 지름길을 좋아하느니라.

율곡 풀이

道若大路, 豈難知而難行哉. 只是民情牽於私意, 求捷徑而不遵大路耳.
도는 큰 길과 같으니 어찌 알기 어렵고 실행하기 어려운 것이겠는가?
다만 백성들이 사사로운 정에 이끌려 지름길을 찾고 큰 길로 가지 않을
뿐이다.

右第四十章承上章, 而言人之不能知不能行者, 由不知率性之道, 而妄求捷
徑故也. 屈原曰 夫惟捷徑而窘步, 此意也.
제40장은 윗장을 이어서 사람들이 도를 이해하고 실행할 수 없는 것은

---

103)『道德經』, 53장.

본성을 따르는 도리를 모르고 헛되게 지름길을 찾기 때문이라고 하였다.
굴원이 지름길로 급하게 간다고 한 것이 이 의미이다.[104)]

---

104) 屈原, 『離騷經』. "夫唯捷徑以窘步"

역자 후기

조선조에 이르면 유학은 그 이전에 주로 윤리의식과 이상적인 정치구현의 근거로서 제시되던 차원을 벗어나 사회 전반적인 차원에서 우리의 가치관과 구체적인 제도, 규범의 확립에 결정적인 역할을 담당하게 된다. 다시 말하면 조선조는 유가의 세계관 · 인간관 · 가치관 등이 사회전반을 지배하던 시대였다고 말할 수 있다. 물론 유가이외의 다른 사상의 사회적인 기능이 없었던 것은 아니지만 유학, 특히 정주계의 성리학이 표면적인 정통이념의 지위를 차지하고 있었던 때가 조선조였다. 이에 따라 유가의 이론에 대한 본격적인 탐구와 많은 철학적인 논쟁들이 활발하게 진행되었으며, 그 결과 한국의 유학은 다른 나라에서는 볼 수 없는 정도의 깊은 학문적인 수준을 갖게 되었다. 이 와중에서 조선시대의 노장연구의 선구인『醇言』의 저술은 가히 획기적이라고 할 수 있다. 많은 연구자들이 율곡의 학문적인 독창성, 개방성, 포용성 등을 논의해왔다. 특히, 율곡은 개방적이고 독창적인 학풍을 지니고 있다. 즉, 조선조 600년간의 통치 이론인 성리학의 확립에 주력했던 것과는 달리, 불교, 도가, 양명학 및 서경덕의 氣學 등에 대해서도 비판적으로 수용하는 입장을 지니고 있다.

이러한 율곡의 수용적이고 개방적인 태도가『醇言』에 나타난다. 율곡은 일찌기 노자의『도덕경』5000자 중에서 유학의 도와 가까운 2098자를 가려

내어『순언』의 책을 엮고 주해와 구결을 하였다. 율곡은 노자『도덕경』81장 중에서 순정한 부분, 즉 성리학과 상통할 만한 이론인 40장을 간추려『醇言』이라고 하였다. 洪啓禧(1703-1771)는 발跋에서 "유가의 경전에 어긋나고 이치에 맞지 않는 것은 다섯중에서 세가지를 버렸으니 선생이 취한 내용이 야말로 진실로 순정하다고 할 수 있다. 버리고 취한 것이 마치 저울이 무게에 알맞고 촛불이 밝게 비추는 것과 같이 주해 또한 명백하고 정당하며, 반드시 가까이 끌어 써도 유학의 도리로 돌아갔다."고 말하고 있다. 율곡은 『醇言』의 요지 말미에서 "이『순언』은 無爲를 종지를 삼으면서도 無不爲를 들어 썼으니 또한 虛無에 빠진 것이 아니다."라고 유가의 종지에 적합함을 제시하고 있다. 이렇듯 성리학의 입장에서 도가를 수용하려는 율곡의 노력 은 21세기의 다양성을 논의하려는 담론의 장에 한줄기 신선한 바람이 되고 있다.

현재 인간과 자연에 대한 태도에서 서양에서는 자연과학의 폐해가 한계 에 도달했음을 여실히 보여주고 있다. 이제 21세기는 인류는 멸망할 것이라 는 진단이 끊임없이 제기되고 있다. 이 폐해를 대체할 방안으로 서양의 전문 학자들은 동양사상-유학, 노장과 불교-을 고려하고 있다. 이러한 메시지는 희망적이지만, 결국 21세기는 이러한 문화적 호환을 어떻게 효율적으로 적 용하느냐에 따라서 그 향방이 결정된다고 할 수 있다. 이 점에서 논자는, 율곡의『醇言』은 성리학과 노장사상을 융합수용할 계기가 될 수 있음을 밝혀둔다.

이 책을 번역하면서 정말 많은 분들께 도움을 받았고, 전공분야가 아닌 도가사상에 관심을 가질수 있었다. 먼저 민족문화추진위원회에서 영인발간 하는『한국문집총간』은 가장 중요한 자료를 제공해 주었다. 그리고 송항룡 의「한국에서의 노장연구와 그 추이」(한국학논집 제26집, 1995)는 조선조 도가사상연구에 길잡이가 되었다. 또한 이주행의『醇言』번역은 많은 도움 을 주었다. 10년전 율곡학에 전념하면서『醇言』은『栗谷全書』와 더불어 항상 머리말에 벗이 되었다. 또한 항상 나의 귓가를 떠나지 않는 화두였다. 그래서 논자의『醇言』에 대한 관심은 박세당(1629-1703)의『新註道德經』, 서명응(1716-1787)의『道德指歸』, 홍석주(1774-1842)의『訂老』, 이충익(1744-1816)의『談老』등의 노자 주해서에 관심을 가져 볼 수 있었다.

학문이란 모름지기 쉽고 재미있게 기술됨이 중론임을 알고 있다. 그러나 논자는 아직 그렇게 기술할 역량을 지니지 못하였다. 너무 기교를 부리다 보면 矯角殺牛의 우를 범할까 하는 근심도 있다. 모든 논술상의 오류와 책임은 본인에게 있음을 밝혀둔다. 이 책의 모자람에 대해 江湖諸賢의 質正을 부탁드리는 바이다.

龍華山이 굽어보이는 春虛齋에서
유 성 선

兪 成 善

강원대학교 철학과와 동대학원을 졸업하고 중앙대학교 대학원 철학과에서 박사학위를 취득하였다.(철학박사:한국철학전공) 강원대와 중앙대, 방송대(Tutor)에 출강하고 있으며, 현재 강원대학교 인문과학연구소 전임연구원으로 재직하고 있다.

주요저서 및 논문으로『栗谷心論硏究』(博士學位論文),『栗谷 李珥의 修養工夫論』(著書),『성과 사랑의 철학』(共著),『철학 오디세이 2000』(共著),『일곱주제로 만나는 동서비교철학』(共譯),「孟子와 告子의 人性論辨 硏究」,「栗谷 李珥의 理氣論 硏究」,「栗谷의 形而上學 」,「韓國儒學과 傳統文化」,「東洋思想의 根本情神」,「栗谷 心論에 根據한 環境倫理 摸索」 등이 있다.

栗谷의 老子 풀이 순언醇言

인쇄일	초판 1쇄	2002년 11월 13일
발행일	초판 1쇄	2002년 11월 23일

지은이	유성선
발행인	정찬용
발행처	**국학자료원**
등록일	1987.12.21, 제17-270호

총 무	김효복, 박아름, 황충기
영 업	김태범, 한창남, 김상진
편 집	이인순, 정은경, 박애경
인터넷	정구형, 박주화, 강지혜
인 쇄	박유복, 정명학, 한미애, 이정환
물 류	정근용, 최춘배

서울시 강동구 암사동 462-1 준재빌딩 4층
Tel : 442-4623~4, Fax : 442-4625
www.kookhak.co.kr
E - mail : kookhak2001@daum.net
kookhak@orgio.net

ISBN 89-8206-680-2 93200

가 격 7,000 원